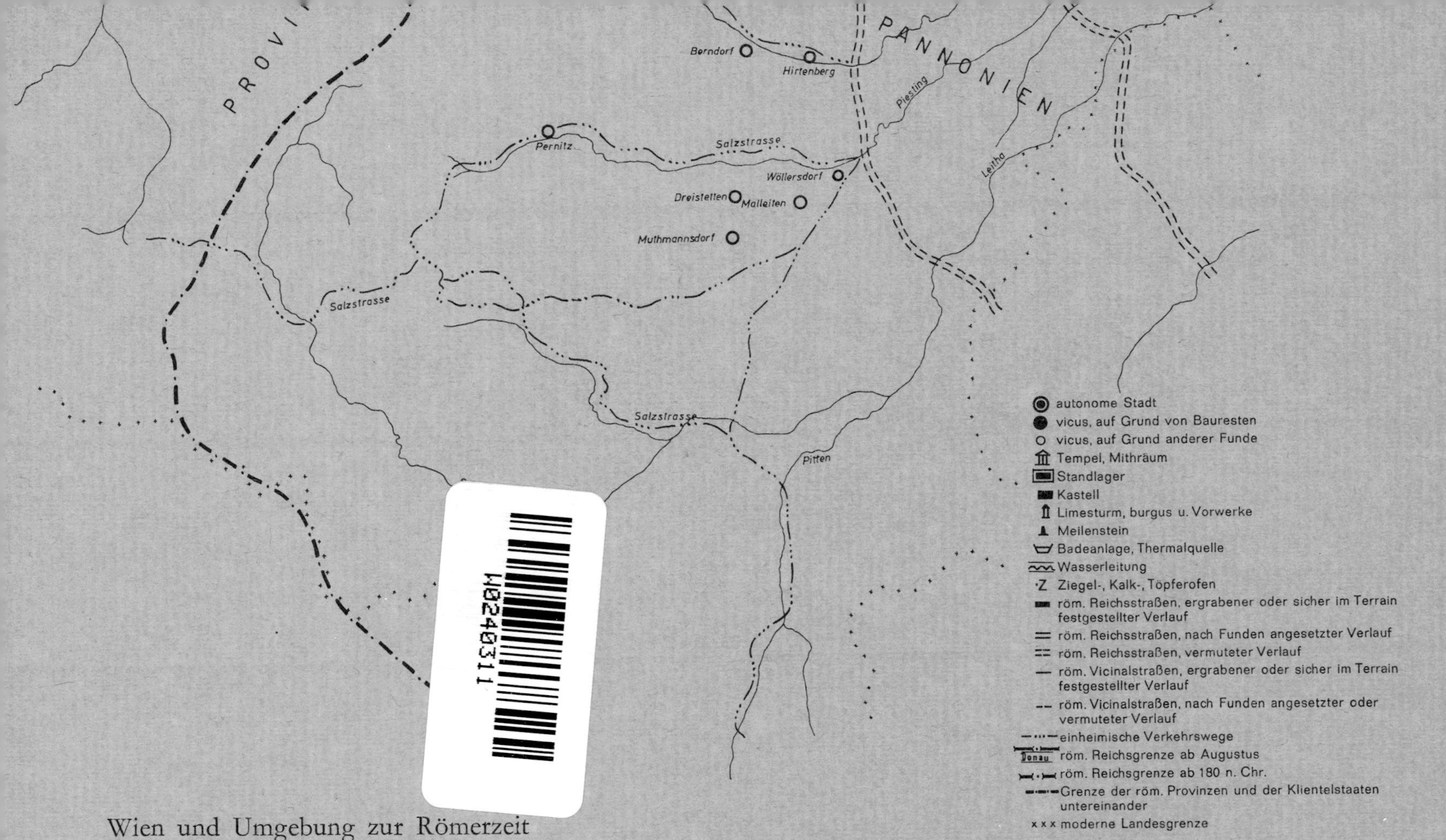

Wien und Umgebung zur Römerzeit

Alfred Neumann

Vindobona

Alfred Neumann

Vindobona

Die römische Vergangenheit Wiens

Geschichte
Erforschung
Funde

Mit 128 Abbildungen

Hermann Böhlaus Nachf.
Wien–Köln–Graz

Abbildungsrechte:
Historisches Museum der Stadt Wien
ISBN 3 205 08068 8

Gedruckt mit Unterstützung des Fonds zur Förderung der wissenschaftlichen Forschung

Satz und Druck: G. Gistel & Cie., Wien
Bindung: Albert Günther, Wien

Inhalt

Einleitung

Der im 2. Jhdt. n. Chr. lebende Geograph und Zeitgenosse des Kaisers Antoninus Pius (138—161), Claudius Ptolomäus von Alexandria, erwähnt im Schlüsselkommentar zu seiner *Γεογραφικὴ ʽΥφήγησισ* (II 14,3) Vindobona zum erstenmal, und zwar in der griechischen Form *Οὐι[νδ]όβονα*. Er gibt dessen Lage mit 37° 45′ östlicher Länge und 46° 50′ nördlicher Breite an. Die auf eine römische Straßenkarte zurückgehende „Tabula Peutingeriana“ aus dem 13. Jhdt. bringt die Bezeichnung „Vindobona“, während das aus der Zeit um 300 stammende „Itinerarium Antonini“ es als „Vindomona“ kennt[1]. In den Angaben über den Tod des Kaisers Marc Aurel (161—180), der angeblich in Vindobona verstorben sein soll, scheint in dem 360 von Aurelius Victor veröffentlichten „Liber de Caesaribus“ „Vendobonae“ (16,11) auf, und in der „Epitome“, dem Abriß der römischen Kaisergeschichte eines unbekannten Verfassers aus dem Anfang des 5. Jhdts., heißt es „apud Bendobonam“ (16,12). Die „Notitia dignitatum“, ein ebenfalls vom Beginn des 5. Jhdts. stammendes Verzeichnis sämtlicher Militär- und Zivilbehörden des Reiches, vermerkt occ. 34,25 „Vindomara“ und occ. 34,28 „Vindomana“ als Bezeichnungen für Vindobona. Der im 6. Jhdt. lebende gotische Geschichtsschreiber Jordanes bringt dafür in seinem Werk „De origine actibusque Getarum“ „Vindomina“ (50,264).

Diese wenigen und mehr als notdürftigen Vermerke in der antiken Literatur spiegeln die geringe militärische und wirtschaftliche Bedeutung von Vindobona wider. Strategisch gesehen bildete es bis zum Ende des 4. Jhdts. lediglich den Flankenschutz von Carnuntum, wirtschaftlich war seine Rolle durch die Lage bloß in der Nähe des Schnittpunktes der beiden wichtigsten Verkehrsstränge in diesem Raum, der Donau und der von der Ostsee über die March nach Italien führenden Bernsteinstraße, bestimmt. Dies bestätigte auch die ausschließlich auf Bodenfunde angewiesene Forschung[2]. Sie setzte in streng wissenschaftlicher Form in der zweiten Hälfte des vergangenen Jahrhunderts ein und wurde durch die verschiedenen Phasen der Stadterweiterung gefördert. Die weitgehende Verbauung seit der Antike bildete von vornherein einen Nachteil. Es erwies sich als ausgeschlossen, den vollständigen Grundriß eines römischen Baues zu finden, und die Freilegung der Fragmente konnte in der Regel bloß im Rahmen anderer Bauarbeiten wie Grundaushebungen für Häuserbauten, Kanallegungen usw. erfolgen. Die Tatsache aber, daß hiezu früher ausschließlich Krampen und Schaufel Anwendung fanden, wirkte sich insofern günstig aus, als für die Auswertung noch genügend Zeit zur Verfügung stand.

Der Zusammenbruch der österreichisch-ungarischen Monarchie (1918) bedeutete einen Rückschlag, da die Bautätigkeit fast zum Stillstand kam und erst allmählich wieder anstieg. Der Wiederaufbau der zerstörten Stadtteile nach dem Zweiten Weltkrieg gab der archäologischen Forschung neuerlich einen ungeahnten Auftrieb. Neben der Ausnützung der laufenden Bauarbeiten kam es auch zu größeren Plangrabungen, bis die zunehmende Heranziehung des Baggers letztere als allein sinnvoll erwies.

Die Ergebnisse erschienen teilweise als Fundberichte oder als Resultate von Untersuchungen in Zeitschriften, teilweise blieben sie unveröffentlicht. Auch die verschiedenen, größtenteils überholten Zusammenfassungen erfolgten in Publikationsreihen und nur zweimal in Form von Einzelschriften. Doch handelt es sich in dem einen Fall[3] um eine summarische Abhandlung in einem weiteren Zusammenhang, im anderen[4] um einen kurzen, ebenso gearteten Abriß als Anhang zu einem unterschiedlichen Hauptthema.

Was also bisher fehlte, war eine dem Forschungsstand entsprechende umfassende Monographie. Sie zu schreiben, entschloß sich der Verfasser auch deshalb, weil die wesentliche Voraussetzung dafür, die wissenschaftliche Bearbeitung des gesamten in der Ur- und Frühgeschichtlichen Abteilung des Historischen Museums der Stadt Wien befindlichen und in Frage kommenden Materials, abgeschlossen ist. Der geschichtlichen Darstellung und dem Abschnitt „Erforschung“ folgt die Behandlung der in der ursprünglichen Lage befindlichen sichtbaren Reste und der bedeutendsten Funde, und zwar so, daß — im Gegensatz zu den geläufigen Monographien — die Orientierung an Ort und Stelle möglich ist[5].

Zum genauen Studium der Monographie ist die Heranziehung eines Stadtplanes von Wien unerläßlich. Um die rasche Auffindung der angegebenen Orte des Stadtgebietes zu erleichtern, wurde ein alphabetisch gegliedertes Verzeichnis beigefügt.

Alfred Neumann

Geschichte

Rom hatte sich bis zur Mitte des 1. Jhdts. v. Chr. aus einem kleinen Stadtstaat am Tiber zur Beherrscherin fast des gesamten Mittelmeerraumes entwickelt. Es gewann damit Grenzen, die wenig befriedigend waren und besonders im Norden dringend der Korrektur bedurften. Die Besetzung Galliens (58—51 v. Chr.) durch C. Julius Caesar bannte zwar die Gefahr, die dem Reich bisher durch die Lücke zwischen Pyrenäen und Alpen gedroht hatte, machte nun aber auch die Einbeziehung der Alpenländer und der nordwärts angrenzenden Gebiete bis zur Ost- und Nordsee erforderlich. Nur so konnte die eben erst gewonnene, aber keineswegs leicht zu verteidigende Rheingrenze wieder beseitigt und die italische Halbinsel im Norden und Osten ausreichend gesichert werden. Den Auftakt dazu bildete der Illyrische Krieg (35—33 v. Chr.) des damaligen Triumvir C. Julius Caesar Octavianus und späteren Kaisers Augustus[1].

Unmittelbarer Anlaß zu diesem Unternehmen dürfte die Bedrohung des Imperium Romanum durch die in Siebenbürgen ansäßigen Daker[2] gewesen sein. Schon Ende des 2. Jhdts. v. Chr. hatten sie die römische Provinz Makedonien beunruhigt, und in der ersten Hälfte des 1. Jhdts. v. Chr. war es ihrem König Burebista nicht nur gelungen, das Volk zu einigen, sondern auch den dakischen Machtbereich auf den nordöstlichen Teil der Balkanhalbinsel auszudehnen. Nach der völligen Vernichtung der Boier um 60 v. Chr. wurde die Westgrenze an das keltische Königreich Noricum vorgeschoben und im Osten in den folgenden Jahren durch Unterwerfung der griechischen Pontosstädte die Küste des Schwarzen Meeres erreicht.

Sowohl diese gewaltige Machtentfaltung als auch Plünderungszüge in die römischen Provinzen Makedonien und Illyrien hatten schon in C. Julius Caesar den Plan reifen lassen, durch einen Krieg gegen die Daker die Nordgrenze des römischen Reiches auch in diesem Gebiet zu korrigieren[3]. Doch Caesars Ermordung 44 v. Chr. führte zur Zurückstellung des römischen Angriffskrieges auf neun Jahre. Und 35 v. Chr., als Oktavian sich durch die Eroberung des Gebietes der Japuden (zu beiden Seiten des krainischen Schneeberges und der Großen Kapela) und der Pannonier (an der Save und Kulpa) anschickte, eine der notwendigen Basen für den Krieg gegen Dakien zu schaffen[4], scheint es bereits zu den ersten Anzeichen des Entscheidungskampfes mit M. Antonius gekommen zu sein. So beschränkte sich Oktavian darauf, den Bereich des römischen Illyrien bis zur Save und Drau zu erweitern. Als der Machtkampf ausgetragen, die Stellung Oktavians als Kaiser Augustus gefestigt und die Reorganisation des Reiches weitgehend fortgeschritten waren, begann im Jahre 16 v. Chr. jenes großräumige Unternehmen, das die Gewinnung der Ost- und Nordsee als Grenze zum Ziel hatte.

Das keltische Königreich Noricum, zu dem auch der Wiener Raum zählte, war schon lange vorher zum Imperium Romanum in wirtschaftliche und politische Beziehungen getreten[5]. Durch die Gründung der Kolonie Aquileia im nordöstlichen Teil Italiens (181 v. Chr.) war ein Handelszentrum geschaffen worden, das für die wirtschaftliche Erschließung Noricums von Bedeutung wurde. Ein Bündnisvertrag ermöglichte es, daß im Jahre 113 v. Chr. ein römisches Heer auf norischem Boden gegen die germanischen Cimbern und Teutonen operieren konnte, und 49 v. Chr. hatte Voccio, der norische König, C. Julius Caesar in seinem Kampf gegen den Senat durch ein Kontingent von 300 Reitern unterstützt. So ging die Besetzung von Noricum 15 v. Chr. fast kampflos vor sich, nachdem kurz zuvor das Gebiet der Raeter und Vindeliker von den Stiefsöhnen des Kaisers Augustus, Drusus und Tiberius, unterworfen worden war.

Der Vorstoß nach Pannonien hingegen führte zu einem erbitterten Ringen, das erst im Jahre 8 v. Chr. ein vorläufiges Ende fand. Die seit 12 v. Chr. im Gang befindliche Offensive in Germanien brachte zwar bedeutende Erfolge, aber keine Entscheidung. Doch sollte sie 6 n. Chr. durch die Niederringung des Markomannenreiches, das König Marbod in den Sudetenländern ausgebaut hatte und das den einzigen noch bedeutenden Machtfaktor in Germanien darstellte, herbeigeführt werden. Marbod, der in Rom wie andere germanische Edle eine vielseitige Ausbildung genossen und auch den römischen Militärdienst kennengelernt hatte, war es nach seiner Rückkehr in die Heimat und der Erringung der Königsherrschaft gelungen, die Markomannen ostwärts vom Main in das von den Boiern verlassene Boiohaemum (Böhmen) zu führen, um sie aus der drohenden Umklammerung durch die Römer zu lösen. Mit einem nach römischem Vorbild geschulten Heer von 70.000 Mann Fußvolk und 4000 Reitern hatte er seinen Herrschaftsbereich bis zum Weichselbogen, zu den Westkarpaten und mit einem Gebiet zwischen Oder und Elbe bis zur Ostsee auszudehnen vermocht. Die beiden römischen Heere — das eine war unter C. Sentius Saturnus von Mainz aus mainaufwärts gezogen, das des Tiberius von Carnuntum entlang der March vorgestoßen — standen bloß fünf Tagemärsche voneinander entfernt, als ein gewaltiger Aufstand der Illyrer und Daker das römische Unternehmen zum Scheitern brachte. Noch waren die Kämpfe zur Niederschlagung dieser Erhebung nicht beendet, als es in Germanien im Teutoburger Wald zur Vernichtung des von P. Quinctilius Varus geführten Heeres durch die Cherusker kam (9 n. Chr.). Der weitgespannte Plan des Kaisers Augustus, die Grenze des römischen Weltreiches bis an die Nord- und Ostsee vorzuverlegen, war damit vereitelt. Obwohl die Bestrebungen, in Germanien und Dakien Fuß zu fassen, später teilweise von Erfolg begleitet waren, bildeten im wesentlichen von nun an Rhein und Donau die Grenzen des römischen Weltreiches bis zu seinem Untergang. Sie umfaßten mehrere Abschnitte, die, defensiv gesehen, verschiedene natürliche Vor- und Nachteile boten. Der schwächste von ihnen war im Alpenbereich der Donau das Wiener Becken.

Diese Fuge, die durch den Einbruch des einst geschlossenen Alpen- und Karpatenbogens entstanden war[6], mußte zur Schneide der verschiedensten Kräfte werden[7], eine Funktion, die das Wiener Becken schon seit der Zeit der am frühesten hier nachweisbaren Kulturen, also seit dem 3. Jahrtausend v. Chr., erfüllte[8]. Als natürlicher Einfallspforte nach dem Süden wurde ihr, als die Donau Grenzstrom des römischen Weltreiches geworden war, durch eine starke Befestigung der Strecke zwischen dem Wiener und dem Thebener Tor Rechnung getragen. Sie entstand nicht in einem Zuge, sondern ihr Ausbau war durch die verschiedenen Aktionen des Gegners jenseits der Grenze bedingt.

Die Anlage eines Legionslagers in Carnuntum (zwischen Bad Deutsch-Altenburg und Petronell) um 15 n. Chr.[9] erforderte auch die Sicherung des Wiener Tores[10]. Dafür sprechen nicht nur militärische Gründe, sondern auch der in Wien gefundene, aus der ersten Hälfte des 1. Jhdts. n. Chr. stammende Grabstein des C. Atius (Abb. 1) von der 15. Legion, jener Einheit, die die erste Besatzung des anfänglich zu Noricum zählenden Carnuntum bildete. Dieses Legionslager dürfte, wenn nicht gleich, so doch bald darauf in die Provinz Pannonien einbezogen worden sein[11], die nach Norden

1. Grabsteinfragment des C. Atius von der 15. Legion

und Osten bis zur Donau und nach Süden über die Save reichte[12] und unmittelbar nach der römischen Okkupation einen Teil der Provinz Illyricum gebildet hatte[13]. Ob schon zu diesem Zeitpunkt ein Hilfstruppenlager in Vindobona entstand, ist nicht nachweisbar. Spätestens um 50 n. Chr. dürfte aber auch der Wiener Raum zu Pannonien gekommen sein.

Rom hatte auf die Gebiete am linken Donauufer besonders dadurch Einfluß genommen, daß es die Bildung von Klientelstaaten[14] begünstigte. Diese waren zu militärischer Hilfeleistung verpflichtet und wurden von Herrschern regiert, die ihre Stellung dem römischen Kaiser verdankten. Zu diesen Klientelvölkern zählten auch Markomannen und Quaden[15]. Das Reich Marbods zerfiel, als er in der Auseinandersetzung mit dem Cheruskerfürsten Armin unterlag. Im Jahre 18 n. Chr. mußte er das Land verlassen, und zwei Jahre später wurde Armin von seinen eigenen Landsleuten ermordet. Der Sohn des Kaisers Tiberius, der jüngere Drusus, siedelte die Gefolgsleute des Markomannenfürsten und die seines ein Jahr später vertriebenen Gegners Kattwald am linken Donauufer zwischen den Flüssen March und Waag an und gab ihnen den Quaden Vannius zum König.

Im Jahre 50 n. Chr. wurde dieser Klientelstaat im Westen von den Hermanduren, im Norden von den Lugiern und den Gegnern, die

2. Fragment einer Bronzetafel
aus der Zeit
des Kaisers Galba (68/69)

der König im eigenen Land hatte, angegriffen. Die Gründe dafür sind nicht klar. Sicher hatten die Römer, denen das Reich des Vannius zu mächtig geworden war, dabei ihre Hand im Spiel, vielleicht waren unter anderem auch handelspolitische Beziehungen von Bedeutung. Die Völkerbewegung, die nun entstand, hätte auch auf das rechte Donauufer übergreifen können, doch die Ereignisse blieben auf den Bereich jenseits der Donau beschränkt, und nur Vannius, der eine Niederlage erlitt, flüchtete auf römisches Gebiet. Seine Gefolgsleute wurden in Pannonien angesiedelt, und zwar, wie Funde dartun, möglicherweise zwischen Wiener Neustadt und dem Leithagebirge[16]. Allerdings können auch zwei Gräber aus dem römerzeitlichen

Hügelgräberfeld des 1. und 2. Jhdts. n. Chr. in Hütteldorf, bei der Siedlung Jägerwald, auf germanische Siedler dieser Zeit zurückgehen[17].

In den Jahren bis 69 n. Chr. wurde Carnuntum pannonisches Provinzialkommando[18]. Ein Am Hof 4, 1913, gefundenes Bronzetafelfragment (Abb. 2) aus der Zeit des Kaisers Galba (68/69)[19] und Ziegelstempel scheinen auf die Anwesenheit der mit diesem Kaiser von Spanien nach Pannonien gezogenen *ala Sulpicia* und *legio VII* im Wiener Raum hinzuweisen. Die *ala Sulpicia*, ein 500 Mann starkes *(ala quingenaria)* und vom Kaiser selbst aufgestelltes Reiterregiment, dürfte zu den ältesten Besatzungen des unweit des Plateaus um den Hohen Markt befindlichen Hilfstruppenlagers gezählt haben, während die 7. Legion vermutlich im Lager von Carnuntum Quartier bezog. Damals wurde die dort stationierte 10. Legion, die die im Jahre 62 n. Chr. nach dem Orient kommandierte 15. Legion ersetzt hatte[20], abkommandiert, und mit ihr marschierte offenbar auch jene Hilfstruppe ab, die die Vorläuferin der *ala Sulpicia* im Lager am Wiener Tor gewesen war.

Das Jahr 69 war ein sehr bewegtes[21]. Die Thronwirren nach dem Tode Kaiser Neros (54—68) führten dazu, daß die Kommandanten von vier verschiedenen Heeresgruppen den römischen Kaiserthron für sich in Anspruch nahmen, bis ihn schließlich der in Syrien befehligende T. Flavius Vespasianus (69—79) gewinnen konnte. Dazu trugen auch pannonische Legionen bei, die kurz zuvor im gleichen Jahr den Statthalter von Lusitania (Portugal), M. Salvius Otho, in den entscheidenden Kämpfen in Oberitalien unterstützt hatten. Nur schwache Kontingente dieser Legionen blieben in den alten Garnisonen zurück. Die Ruhe im Grenzgebiet war nur dadurch gewährleistet, daß die Könige des markomannisch-quadischen Klientelstaates, Sido und Italicus, mit einer auserlesenen Truppe an den Kämpfen selbst teilnahmen. Dagegen wurde der mösische Limes an der unteren Donau von Dakern und Sarmaten größtenteils zerstört (69/70). Damit war der Auftakt zu jenen Kämpfen in den achtziger und neunziger Jahren gegeben, die schließlich nach Pannonien übergreifen sollten.

Vespasian, der die Aggression der Daker abwehren konnte, setzte in den Jahren nach 70 die Befestigungen an der unteren Donau wieder instand und verstärkte offenbar auch die pannonischen Grenzgarnisonen. Die 15. Legion bezog nach ihrer Rückkehr aus dem Orient (71) wieder das Lager Carnuntum. Unter Vespasians zweitem Nachfolger, Domitian (81—96)[22], setzten die Daker 85/86 erneut zum Sturm auf die römischen Befestigungen an. Der Krieg, an dem der Kaiser persönlich teilnahm und der mit wechselvollem Glück geführt wurde, brachte die Front an der mittleren Donau auch dadurch in Bewegung, daß, als den Römern die von dem Klientelstaat der Markomannen und Quaden vertraglich zugesicherte Waffenhilfe im Jahre 88 nicht gewährt wurde, Domitian die Feindseligkeiten auch gegen diesen Staat eröffnete. Sie wurden erst unter seinem Nachfolger Nerva (96–99) beendet[23].

Im Zuge der Kriegsereignisse kam auch ein britannisches Reiterregiment, die *ala I milliaria Britannica*, in den Wiener Raum[24], nachdem sie vom dakischen Kriegsschauplatz abgezogen worden war. Ihr erstes Quartier in Wien befand sich im Gebiet der Klimsch- und Hohlweggasse (Abb. 3), wo in den Jahren 1903 und 1908 die Lagergräben teilweise freigelegt wurden[25]. Den Funden nach zu schließen, hatte sie dieses Lager jedoch nicht lange inne, sondern wurde noch in domitianischer Zeit im Verlauf einer Neugruppierung in das alte Hilfstruppenlager nahe dem Plateau um den Hohen Markt verlegt. Das Lager im dritten Bezirk wurde aufgelassen und an seiner Statt offenbar ein neues in Schwechat, Ala Nova, errichtet.

Dieses neue Lager, über dem sich heute der Friedhof von Alt-Schwechat erstreckt, war für eine *ala quingenaria* berechnet und dürfte zunächst mit der bisherigen Besatzung des Hilfstruppenlagers im ersten Bezirk belegt worden sein[26]. Der neue Standort der *ala I milliaria Britannica*, der erst zu einem Lager für 1000 Mann umgebaut werden mußte, ist durch drei Grabsteine gegeben, von denen zwei beim Bau der Stallburg (1559) gefunden wurden, aber bald verlorengingen[27]. Der dritte, unweit der Stallburg unter der Einfahrt des Hauses Habsburgergasse 9 im Jahre 1901 zum Vorschein gekommene (Abb. 4), blieb jedoch erhalten[28]. Er ist vor allem dadurch interessant, daß er die *ala* als F(lavia) D(omitiana) anführt, während sie auf den verlorengegangenen Steinen, wie Stiche von Lautensack aus dem 16. Jahrhundert zeigen, als Augusta erwähnt wird. Diesen Titel erhielt das Reiterregiment erst unter Kaiser Nerva, zu einer Zeit, da es noch die Besatzung des Wiener Auxiliarlagers bildete. Nervas Nachfolger Traian (98–117) verstärkte den Limes an der mittleren Donau durch neue Legionslager[29], und zwar durch Brigetio gegenüber von Komorn und durch Vindobona auf dem Plateau um den Hohen Markt in Wien, nachdem schon etwas früher ein anderes in Aquincum, dem heutigen Budapest, angelegt worden war. Damit wurde den Erfahrungen aus den letzten Kriegen Rechnung getragen.

Diese Verstärkung erfolgte um das Jahr 100. Die Provinz Pannonien wurde 103/104 in Ober- *(Pannonia superior)* und Unterpannonien *(Pannonia inferior)* geteilt[30]. Vindobona und Carnuntum — bis zum Jahre 214 auch Brigetio — gehörten zu Oberpannonien. Damals,

Das Stadtzentrum von Vindobona

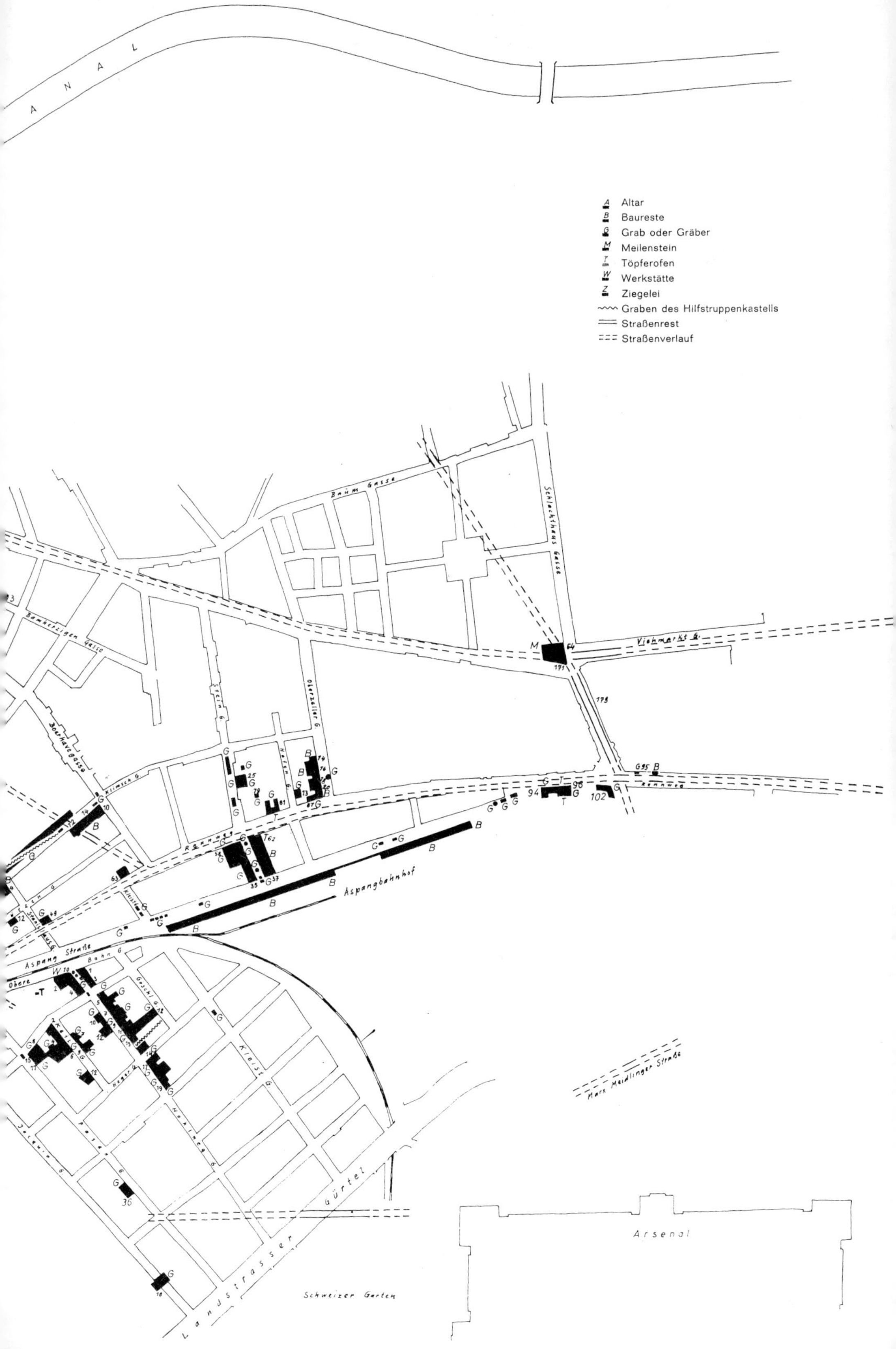

Altar
Baureste
Grab oder Gräber
Meilenstein
Töpferofen
Werkstätte
Ziegelei
Graben des Hilfstruppenkastells
Straßenrest
Straßenverlauf
Baum Gasse
Schlachthaus Gasse
Viehmarkt G.
Barmherzigen Gasse
Boerhavegasse
Oberzeller G.
Rennweg
Aspangbahnhof
Aspang Straße
Marx Meidlinger Straße
Landstrasser Gürtel
Schweizer Garten
Arsenal

4. Grabstein des T. Flavius Draccus von der *ala I milliaria Britannica*

wenn nicht schon früher, dürfte das nördliche Ende der Westgrenze Oberpannoniens bei Gugging gezogen worden sein[31]. Weitaus früher hingegen mußte aus militärischen Gründen die einheimische keltisch-illyrische Bevölkerung ihre hochgelegenen Stadtburgen räumen und die Insassen dort ansiedeln, wo sich der Kern der römischen Zivilstädte entwickelte. Besonders in der Nähe der Lager konnten solche Stadtburgen nicht geduldet werden. So verlor auch die keltische Siedlung auf dem Leopoldsberg[32] ihre Vorrangstellung und hatte nur noch ihren Namen mit dem Legionslager gemein und mit der Stadt, deren Zentrum sich beim heutigen Aspangbahnhof erstreckte. Daß die Bezeichnung „Vindobona“ keltischen Ursprunges ist[33], daran besteht kein Zweifel, und dementsprechend sollte das Wort auf der zweiten Silbe betont werden. Eine Nachbesiedlung des Leopoldsberges in römischer Zeit erfolgte den Funden nach nicht. Dafür jedoch läßt sich die keltische Niederlassung im Bereich der römischen Zivilstadt, allerdings nur für die späte Latènezeit, beweisen.

Der Bautermin[34] des Legionslagers Vindobona ist dadurch gegeben, daß die 13. Legion, wie Ziegel und Bauinschriften zeigen, das Lager erbaute. Dies muß aber vor dem Jahre 107 geschehen sein, da spätestens seit diesem Zeitpunkt die Legion dem römischen Heer in Dakien angehörte. Außerdem reichen die Keramikfunde über das Ende des 1. Jhdts. n. Chr. nicht zurück. Um die gleiche Zeit wurde wahrscheinlich das Auxiliarlager aufgelassen. Mit Sicherheit könnte dies behauptet werden, wenn der Standort des Hilfstruppenlagers, wie noch heute vermutet wird, sich im Bereich des späteren Legionslagers befunden hätte. Die Forschungen nach dem Kriege[35] zeigten aber, daß auf dem Plateau um den Hohen Markt lediglich Reste des um 100 errichteten Legionslagers existieren. Aber selbst durch einen Umbau wären nicht alle Spuren des Auxiliarlagers zu tilgen gewesen. Die Fundorte der erwähnten Grabsteine der *ala I milliaria Britannica* empfehlen jedoch, den Standort des zugehörigen Lagers nahe dem Plateau um den Hohen Markt anzusetzen.

Die 13. Legion, die aus Poetovio (Ptuj, Pettau)[36] nach Vindobona kam, hatte zunächst ein reichhaltiges Bauprogramm zu bewältigen. Der Steinbruch, heute Ried Steinäcker in Sievering[37], wurde von ihr in Betrieb genommen und das lehmhaltige Gelände, das sich um die Kalvarienbergkirche in Hernals erstreckt[38], zur Ziegelherstellung ausgenützt. Nicht wenige Ziegel der 13. Legion wurden hier gefunden. Besonders häufig sind sie im Lagerbereich vertreten. Durch ihre Stempel blieben auch die Namen mehrerer Unterkommandanten erhalten. Der bekannteste von ihnen, Cammius Secundus (Abb. 5), ist durch eine Inschrift für das Jahr 150 als Prokurator der Provinz Noricum bezeugt. Da er offenbar um das Jahr 100 als *centurio* in die Legion eintrat, dürfte es sich auch bei den anderen Namen um solche von Zenturionen handeln, zu deren Aufgaben unter anderem die Beaufsichtigung der Ziegelherstellung zählte. Mehrere Ritzinschriften, die sich auf Ziegeln aus Vindobona fanden, stellen Zählvermerke (Abb. 6) dar[39].

Der Bau des Lagers machte noch andere Anlagen, wie Wach- und Signaltürme und wahrscheinlich sogar einen Brückenkopf, erforderlich. Auch Carnuntum, Aquincum und Brigetio hatten Brückenköpfe[40]. Das Straßennetz[41], dessen Hauptverkehrsadern schon unmittelbar nach der Okkupation entstanden sein müssen, erfuhr jetzt eine weitere Ausgestaltung. Die entlang der Donau verlaufende Limesstraße, deren Verlauf im Stadtgebiet durch die heutige Simmeringer- und Landstraßer Hauptstraße sowie durch eine von der Sensengasse über die Währinger Straße bei der Votivkirche verlaufende Linie gegeben ist, wurde mit dem neuen Lager so verbunden, daß dessen Hauptstraße einen Teil davon bildete. Ebenso wurde die von Ödenburg (Scarabantia) über Baden, Mödling, Liesing, Atzgersdorf und Meidling entlang dem rechten Wientalufer, bei der Ägydikirche vorbei, über die Gumpendorfer Straße führende Militärstraße an das rückwärtige Lagertor angeschlossen. Ferner war es notwendig, auch die zweite, von Scarabantia über Vösendorf, Inzersdorf und nahe der Triester Straße verlaufende Straße mit dem Lager zu verbinden. Dagegen scheint der durch die Herrengasse, Augustinerstraße und den Rennweg gegebene Verkehrsstrang ursprünglich einen Teil der Limesstraße gebildet zu haben. Er dürfte

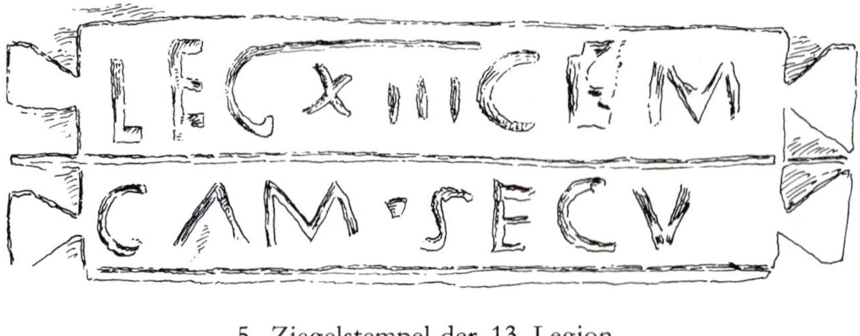

5. Ziegelstempel der 13. Legion
mit dem Namen des *centurio* Cammius Secundus, wahrscheinlich Prokurator
der Provinz Noricum im Jahre 150

6. Dachziegelfragment mit Stempel der 14. Legion und Ritzinschriften, davon eine mit Zählvermerk

erst mit der Errichtung des Legionslagers zur Munizipalstraße geworden sein, denn diese Straße verläuft auffallenderweise auch dort, wo unweit davon, in der Habsburgergasse und bei der Stallburg, Grabsteine der *ala I milliaria Britannica* zum Vorschein kamen und wo in der Nähe die erste militärische Sicherung im Wiener Stadtgebiet, das Hilfstruppenlager, gesucht werden muß. Außerdem erstreckt sich diese Straße auch durch jenes Lager am Rennweg bei der Klimsch- und Hohlweggasse, welches das erste der erwähnten *ala I milliaria Britannica* im Wiener Stadtgebiet bildete.

Für die Bautätigkeit der 13. Legion zeugen auch Bauinschriften von der Lagermauer[42]. Diese Blöcke und Inschriften unterscheiden sich von denen der 14. Legion, welche spätestens im Jahre 107 die 13. ablöste. Ihre Bauinschriften dürften sich auf die später an die Lagermauer angebauten Türme beziehen[43]. Außerdem sprechen auch

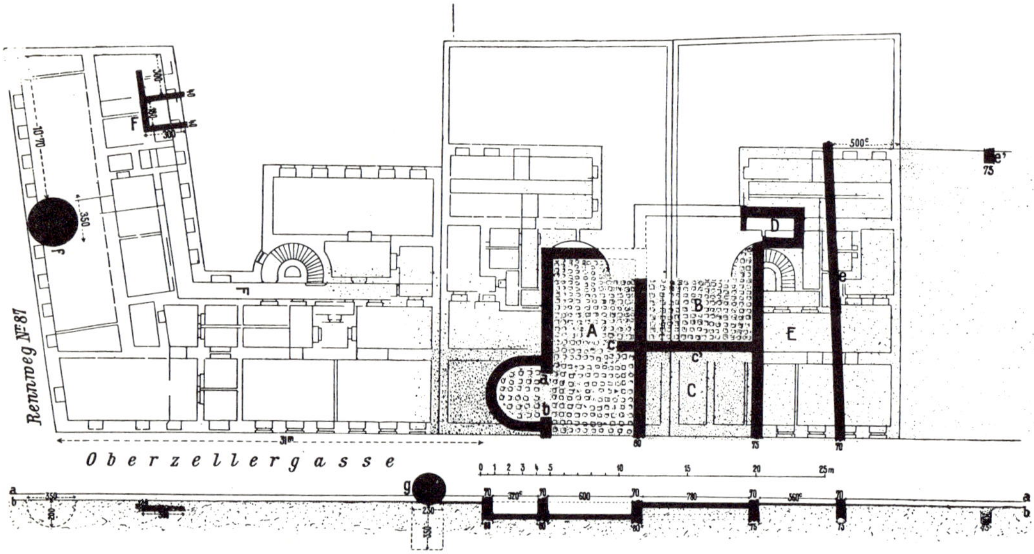

7. Reste eines römischen Wohnhauses mit Bad und Warmluftheizung

viele Ziegel für die Bautätigkeit der 14. Legion. Zur Zeit ihrer Stationierung in Vindobona wurden, wie der Altar des T. Vettius Rufus[44] bezeugt, die warmen Quellen in Meidling (heute Pfannsches Thermalbad) benützt. Spätestens im Jahre 114 wurde die 14. Legion nach Carnuntum abkommandiert, wo sie die 15. Legion, die in den Orient abzog, ersetzte. Dafür kam nach Vindobona die 10. Legion[45].

Die Tatsache, daß Vindobona Legionslager wurde, bedingte die Entstehung der *canabae*, der Lagervorstadt, im Bereiche der Schottentorkreuzung[46] und gab der Entwicklung der Zivilstadt im dritten Bezirk einen starken Auftrieb. Händler, Kaufleute, Fabrikanten und andere Unternehmer wurden durch die neue Garnison angelockt. Der Wohlstand wuchs und führte nicht nur zur Ausgestaltung der Stadt, sondern auch zu ihrer Ausdehnung. Zu den Neubauten[47], die nun entstanden, zählte der große, mit einer ansehnlichen Badeanlage versehene Gebäudekomplex (Abb. 7), der sich vom Rennweg Nr. 87 über die Oberzellergasse bis zur Landstraßer Hauptstraße einerseits und zum Bereich der Rennwegkaserne anderseits er-

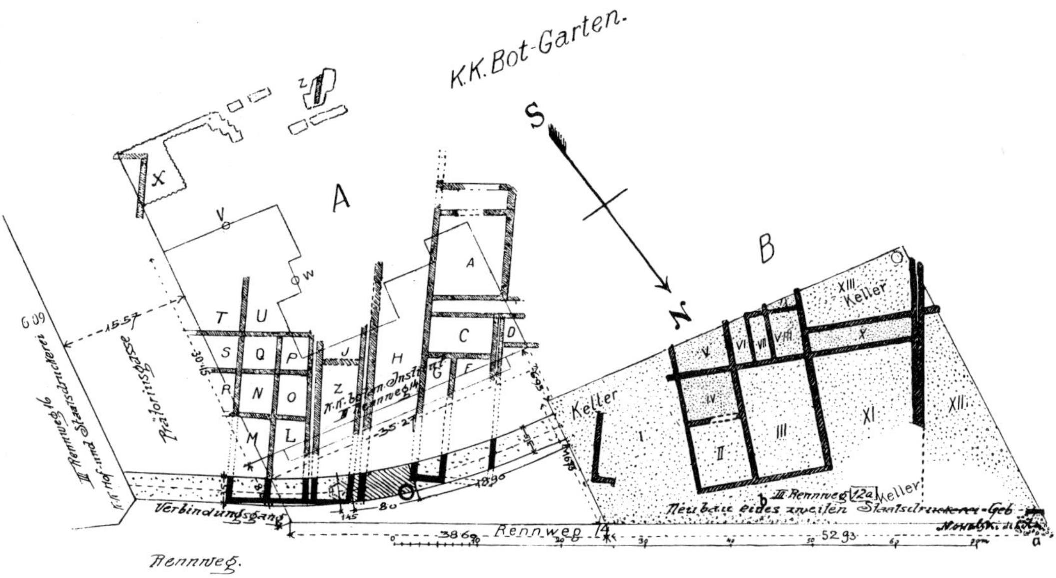

8. Reste von römischen Wohn- und Wirtschaftsräumen

streckte, ferner zur Neustadt gehörende Häuser (Abb. 8), die sich von der Fasangasse entlang des Rennweges in den heutigen Botanischen Garten ausdehnten. Innerhalb dieses Blockes, in der Mechelgasse, lag die Ziegelei des M. Antonius Tiber(ianus), der vor allem Vindobona belieferte und dessen Ziegel im Stempel meistens nicht nur seinen Namen, sondern auch den der Stadt in der Abkürzung Vindob.[48] aufweisen (Abb. 9a, b). Doch reichte seine Produktion nicht aus, um den Bedürfnissen der gesteigerten Bautätigkeit nachzukommen. Auch andere Ziegelfabrikanten sind durch Stempel bekannt, wie T. Cl. Maximus, M. Ant. Martialis, C. Jul. Martialis und Ael. Vindicius (Abb. 9c—f). Ferner haben C. Val. Constans und Atilia Firma, beide aus Carnuntum, Vindobona mit Ziegeln beliefert. Letztere Firma dürfte ein Großbetrieb gewesen sein, denn ihre Fabrikate fanden sich auch in Brigetio und Aquincum[49]. Diese Erzeuger belieferten auch das Militär, und umgekehrt hat dieses wiederum diesbezügliche zivile Erfordernisse erfüllt.

Der Wohlstand, den die Bevölkerung Vindobonas im 2. Jhdt. erreichte, dokumentiert sich vor allem in verschiedenen Grabdenk-

9a

b

c

d

e

f

9 a–f. Ziegelstempel ziviler Fabrikanten

mälern. So ist auf ein großes Attis- und ein Perseusrelief [50] vom Friedhof auf dem Karlsplatz [51] im Bereiche der Handelsakademie, des Künstlerhauses und des Musikvereinsgebäudes hinzuweisen (Abb. 10, 11). Von derselben Begräbnisstätte stammt der rechte Eckblock eines Frieses, der einen Triton und eine auf dessen Fischleib sitzende Nereide zeigt [52]. Vom Friedhof beim Arsenal sind die Eckstücke einer Platte mit zwei fliegenden Eroten (Abb. 12, 13), und zwar einem männlichen und einem weiblichen [53], erhalten geblieben.

Alle diese Objekte müssen zu imposanten, kostspieligen Grabdenkmälern gehört haben. Begütert war auch Gellius Januaris, der Stifter jener Vereinsgrabstätte der Nekropole auf dem Karlsplatz, von deren Grabplatte ein Fragment mit einem Teil der Inschrift erhalten blieb [54]. Von der Ausschmückung des Forums zeugen der zu einer überlebensgroßen Gewandstatue gehörende und Ende des 18. Jhdts. im Stadtzentrum gefundene Bronzehohlgußfuß (Abb. 14) mit einem Bleizapfen, der zur Befestigung am Sockel diente, sowie ein Finger mit Ring von einer anderen Statue (Abb. 15), in natürlicher Größe, aus Bronzevollguß [55].

Die Verlegung einer Legion nach Vindobona hatte auch die Intensivierung der bereits nach der römischen Okkupation einsetzenden Romanisierung des einheimischen keltisch-illyrischen Bevölkerungselementes zur Folge. Das Gros der neuen Zuwanderer bildeten Soldaten, die größtenteils aus den Mittelmeerländern stammten und sich meistens nach ihrer Verabschiedung in der Zivilstadt niederließen. Im 2. Jhdt. trat insofern eine Änderung ein, als mit den nun festen Garnisonen auch die schon im 1. Jhdt. nachweisbare örtliche Rekrutierung durch die Heeresreform Kaiser Hadrians (117—138) zur Norm wurde [56]. Damit erlangten die Einheimischen auch im Heer das Übergewicht, und dies macht besonders verständlich, daß keltisch-illyrische Eigenart trotz der Romanisierung, die durch den Dienst in der römischen Armee gefördert wurde, nie völlig unterging. So zeigen eine im Jahre 1917 in Inzersdorf gefundene Grabplatte, die ein gewisser Mogetius seinen Kindern Gemella und Primus und einer als Tuto bezeichneten Person setzte [57], das Festhalten an den alten Namen (Tuto, Mogetius) und ein Grabstein (Abb. 16) vom Legionsfriedhof beim Stephansplatz das Festhalten an der einheimischen Tracht. Der Stein [58], den P. Titius Finitus bei Lebzeiten sich und seiner mit vierzig Jahren verstorbenen Gattin Iucunda setzte, stellt im Bildfeld unter anderem die Frau in einheimischer Tracht dar, für die besonders die norische Haube charakteristisch ist.

Noch mehr erhielt sich Keltisch-Illyrisches auf religiösem Gebiet. Auf einem Grabrelief (Abb. 17) vom Friedhof beim Arsenal [59], das

10. Attisrelief von der Begräbnisstätte auf dem Karlsplatz

11. Perseusrelief von derselben Nekropole

12. Relief mit
fliegendem männlichem Eroten
vom Friedhof
beim Arsenal

13. Eckstück desselben Reliefs
mit einem fliegenden weiblichen Eroten

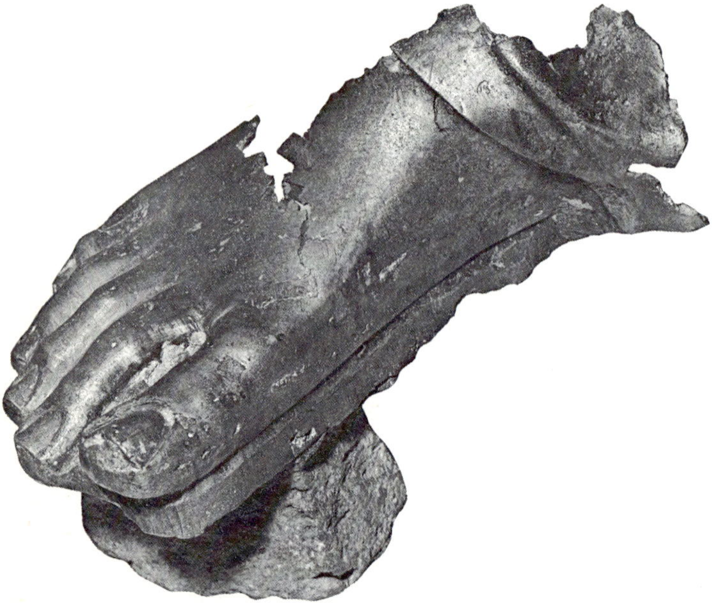

14. Vorderer Teil des rechten Fußes einer Ehrenstatue

15. Finger der linken Hand einer Statue

bereits der Wende vom 2. zum 3. Jhdt. zugehört, ist im Gegensatz zur antiken Vorlage, die Jupiter zeigt, jener höchste Gott der Kelten dargestellt, der in der römischen Vorstellung dem Merkur entsprach. Und anstelle der Göttin Venus setzte der Schöpfer des Reliefs — offenbar auf Wunsch des Bestellers — die Göttin Diana, die als Wald- und Wiesengottheit den keltisch-illyrischen Bauerngottheiten wesensverwandt war. Unter ihnen ist besonders der als Silvanus verehrte Gott zu nennen, wie ihn ein gleichfalls vom Friedhof beim Arsenal stammender und dem Ende des 2. Jhdts. angehörender Altar (Abb. 18) [60] mit Mütze, Tunika, gegürtetem Mantel und einer Sichel in der rechten Hand zeigt. Hingegen liegt der italische Silvanus, der mit Veteranensiedlern nach Pannonien kam, als Silvanus Domesticus, d. h. als Beschützer der ländlichen Hauswirtschaft, in dem 1897 Schauflergasse 2—Herrengasse 3 gefundenen Altar der Garginia Procula vor [61]. Ferner ist auf Sirona und Apollo Grannus, Heilgottheiten keltischer Herkunft, hinzuweisen, deren Verehrung mit Äskulap durch einen Altar aus dem Kultraum des Lagerspitals (Stoß im Himmel, 1951) bezeugt ist [62]. Und schließlich

16. Grabstein des P. Titius Finitus und seiner Gemahlin Iucunda

18. Altar vom Friedhof beim Arsenal, dem Silvanus von Marclus, Soldat der 10. Legion, gesetzt

17. Relief mit Minerva, Herkules, Merkur, Mars, Diana und dem Riesen Kyknos

beweisen zwei durchbrochene Bleigüsse mit Darstellungen der Triviae (Abb. 19a, b), die in der Neustadt von Vindobona gefunden wurden (Rennweg 14, 1903, Prätoriusgasse, 1907)[63], daß entsprechende keltische Religionsvorstellungen auch den Kult der Weggottheiten verbreiten halfen.

Bei den Gebrauchsgegenständen hat sich ebenfalls keltisch-illyrisches Kulturgut erhalten, besonders in der Keramik[64]. Nicht nur Formen und Verzierungen der Hallstatt- und Latènezeit sind in ihr lebendig geblieben, sondern auch solche, die bis in die Jungsteinzeit zurückreichen. In keinem anderen Bereich ist so deutlich die Tatsache erkennbar, daß die einheimische keltisch-illyrische Bevölkerung, die die Römer bei der Besetzung der österreichischen Alpenländer vorfanden, das Produkt eines langen Umschichtungsprozesses darstellt[65].

Die ältesten Siedlungsspuren führen auf eine vorindogermanische Bevölkerung, die die Urgeschichtswissenschaft als Träger der sogenannten „donauländischen Kultur“ bezeichnet. Beide Zweige dieser Kultur, die linearkeramische und die Theißkultur, sind vertreten, das heißt, sie überschneiden einander im Wiener Becken. Diese im 3. Jahrtausend v. Chr. im Donauraum konzentrierte, aber auch darüber hinaus verbreitete Kultur ist besonders durch halbkugelige, bombenförmige Gefäße gekennzeichnet, die mit Spiral- und Winkelbändern, Mäander- und Rautenmustern verziert sind. Im Gegensatz zur westlichen, linearkeramischen Kultur kommt bei der östlichen Theißkultur noch reiche Bemalung hinzu.

Die Siedlungen der donauländischen Kultur im Wiener Stadt-

19a, b. Durchbrochene Bleigüsse mit Darstellungen der Triviae

gebiet — kleine offene und unbefestigte Dörfer — sind nicht nur auf der Stadt- und Praterterrasse, sondern auch auf den westlichen Randbergen nachweisbar. Ein besonderer Fundort ist die Antonshöhe in Mauer mit einem Hornsteinbergwerk aus dieser Zeit.

Ende des 3. Jahrtausends begann die indogermanische Einwanderung aus den Ost- und Nordseegebieten. Sie erfolgte nicht in einem Zug, sondern führte nach und nach zur Besiedlung des gesamten Stadtgebietes. Im Gegensatz zur vorindogermanischen, donauländischen Kultur zeigt die keramische Hinterlassenschaft der jungsteinzeitlichen indogermanischen Bevölkerung nicht horizontale, sondern vertikale Führung der Verzierung. Nur ein einziges Mal noch, als am Ende der Jungsteinzeit ein von Spanien quer durch Europa ziehendes nichtindogermanisches Volk (Glockenbecherkultur) auch das Wiener Stadtgebiet berührte, tauchte die Horizontalverzierung wieder auf.

In der früheren und mittleren Bronzezeit (1800—1200 v. Chr.) kam es zwar zur ruhigen Weiterentwicklung der überwiegend indogermanischen Bauernbevölkerung, doch ist auch diese Epoche wieder durch die Überschneidung zweier verschiedener Kulturen im Wiener Raum gekennzeichnet, der Aunjetitzer und der Wieselburger. Die erste dehnte sich über die Sudetenländer und das nörd-

20. Granithocker des Propheten Hapicha
mit dem Kopf der Göttin Hathor,
Ende des 2. Jahrtausends vor Christus.
Diese Plastik kam wahrscheinlich durch den Handel nach Vindobona

21 a, b.
Henkelattachen
zweier
Bronzegefäße,
Importware
aus Italien

liche Niederösterreich aus, während letztere Westungarn und das südliche Niederösterreich umfaßte. Am Ende des 2. Jahrtausends v. Chr. nahmen die von der Lausitz einwandernden sogenannten „Illyrer" auch vom Wiener Raum Besitz und hinterließen hier Zeugnisse dreier Kulturen, der Älteren Urnenfelderkultur (1200—900 v. Chr.), der Jüngeren Urnenfelderkultur (900—700 v. Chr.) und der Hallstattkultur (700—400 v. Chr.). Die letzte Überschichtung vor der römischen Besetzung erfolgte schließlich um 400 v. Chr.

22a, b. Goldenes Ohrgehänge aus einem Frauengrab, wahrscheinlich ebenfalls aus Italien

durch die von Nordwesten in den Mittelmeerraum vorstoßenden Kelten.

Zur Bevölkerung Vindobonas zählte aber zweifellos schon sehr früh ein kleiner Prozentsatz von Germanen und Orientalen. Was die ersteren betrifft, so wurde schon auf das Hügelgräberfeld in Hütteldorf hingewiesen, wo zwei Bestattungen germanischer Herkunft sein dürften. Auch von der Ansiedlung der Gefolgsleute des auf römisches Gebiet geflüchteten Quadenfürsten Vannius war schon die Rede. Die Existenz einer orientalischen Kolonie wird durch eine Granitstatuette (Abb. 20) des Propheten Hapicha [66] bezeugt. Sie wurde beim Bau des Wiener Neustädter Kanals (1797—1803) gefunden und stammt aus dem Ende des 2. Jahrtausends v. Chr. Weder Priester noch Soldaten scheinen die 51 cm hohe, 18,5 cm breite und 31 cm dicke Plastik nach Vindobona gebracht zu haben, sondern aller Wahrscheinlichkeit nach Händler. Möglicherweise sind auch während des Krieges in der Lobau in zwei Meter Tiefe gefundene ägyptische Stelenbruchstücke so zu deuten.

Dem Import aus dem Orient stand jener aus Italien, Gallien und Germanien gegenüber. Von der Apenninenhalbinsel stammen unter anderem die Reste zweier Bronzegefäße, die 1953 in Schwechat gefunden wurden und deren Henkelattachen (Abb. 21a, b) die Herkunft aus dem Mutterland verraten. Auch mancher Schmuckgegenstand, wie etwa die goldenen Ohrgehänge (Abb. 22a, b) eines gleichfalls in Schwechat 1950 freigelegten Frauengrabes, scheinen für dieses Herkunftsgebiet zu sprechen [67]. Aus Gallien und Germanien wurde das bekannte Luxusgeschirr, die Terra sigillata (Abb. 23a, b, c) und Terra nigra (Abb. 24), anfangs hauptsächlich aus Graufesenque und Lezoux in Südfrankreich, später aus Tabernae Rhenanae, dem heutigen Rheinzabern (BRD), bezogen und nachgeahmt. Größtenteils lokalen Charakter dagegen hatte der Handel mit der braunen und grauen Gebrauchskeramik (Abb. 25—36).

23a, b, c. Terra sigillata.
a Fußbecher, b Kugelbecher und
c doppelhenkeliger Krug

23a

b

c

24. Terra nigra. Fußvase

25, 26. Beispiele römischer Gebrauchskeramik. Figurenvasen in der Form norischer Frauen aus rötlichgelbem Ton mit rotbraunem Firnis. Beide Objekte kamen Ende des 2. Weltkrieges abhanden

27

28

29

31

30

Römische Gebrauchskeramik

27. Schale mit Deckel; 28. Dreifußschale; 29. Reibschale mit Reiber aus Stein; 30. Urne aus rotbraunem Ton; 31. doppelhenkeliger Krug; 32. doppelhenkelige Amphora; 33. einhenkeliges Krüglein; 34. Gesichtsurne; 35. Faltenbecher; 36. Räucherschale

32

33

34

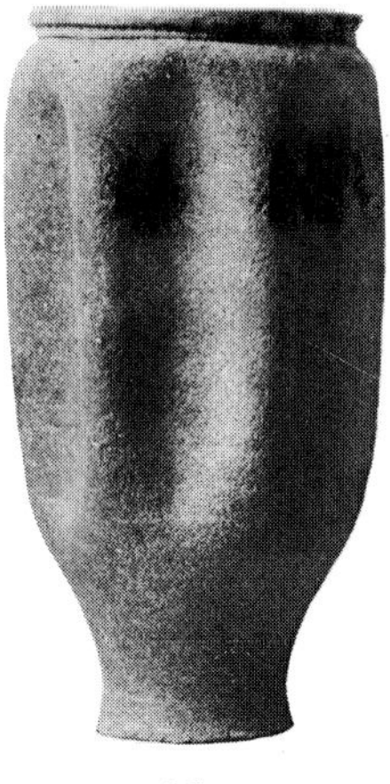

35

36

Sowohl auf dem Lagerterritorium, jenem Gebiet, das sich vom Lager auf dem Plateau um den Hohen Markt bis zum Ring und teilweise darüber hinaus erstreckte, als auch im Bereiche der Zivilstadt wurden insgesamt elf Töpferöfen aufgedeckt [68], die offenbar nicht nur für den Bedarf der Lagerbesatzung und der Zivilbevölkerung arbeiteten.

Die Einfuhr von Gebrauchskeramik und Glaswaren aus den benachbarten römischen Provinzen ist gleichfalls bezeugt. Die Hauptverkehrsader für diesen Handel bildeten die Donau und die sie querende Bernsteinstraße von der Ostsee nach Italien. Aus diesen Verkehrslinien zog Vindobona sicher Vorteile, auch wenn es nicht, wie Carnuntum, direkt an ihrem Schnittpunkt lag. Die Existenz eines Handelshafens ist daher durchaus möglich. Diesem Handel wahrscheinlich verdankte Vindobona seinen Wohlstand und das Anwachsen seiner Bevölkerung. Sie dürfte — nach der von Brunn am Gebirge über Liesing, zwischen Atzgersdorf und Mauer zum Rosenhügel und von dort über Hetzendorf, Premlechner- und Rosenhügelstraße bis zum Küniglberg in Lainz festgestellten Wasserleitung (Abb. 37) zu schließen — aus rund 15.000 bis 20.000 Menschen bestanden haben [69].

Der Verstärkung des Donaulimes durch Kaiser Traian dürfte eine Zeit der Ruhe gefolgt sein [70]. Doch schon unter seinem Nachfolger Hadrian (117—138), der auf seinen vielen Reisen auch in den Wiener Raum gekommen zu sein scheint, kam es offenbar zu kriegerischen Auseinandersetzungen [71]. Meilensteine [72] von den Straßen Vindobona—Carnuntum—Scarabantia und Vindobona—Scarabantia bezeugen für das Jahr 143 Instandsetzungsarbeiten, Münzen aus der Zeit zwischen 140 und 143 zeigen auf der Rückseite den dem Quadenkönig die Hand reichenden Kaiser Antoninus Pius und die Aufschrift „Rex Quadis datus". Kriegerische Aktionen zwischen Römern, Markomannen und Quaden scheinen nun kaum mehr völlig zum Stillstand gekommen zu sein, bis es Ende der sechziger, Anfang der siebziger Jahre zu jenem gewaltigen Vorstoß germanischer Völker unter der Führung von Markomannen und Quaden bis Aquileia kam, der auch die Zerstörung des Wiener Limes und seines Hinterlandes zur Folge hatte [73]. Er kam nicht unerwartet, denn schon 165 wurde die Nordgrenze der italischen Halbinsel auf römischer Seite gesichert, und außerdem zeugen zahlreiche vergrabene Münzschätze [74] — davon zwei aus Vindobona — von dem bevorstehenden Angriff. Der eine Schatz bestand aus 298 Gold-, der andere aus 1446 Silbermünzen [75]. Beide wurden in den Jahren 1799/1800 beim Bau des Wiener Neustädter Kanals im Zentrum der Zivilstadt, beim Aspangbahnhof, gefunden.

37. Wasserleitung

Die Germanen waren nicht nur über diese Verteidigungsmaßnahmen, sondern auch über die Vorfälle an der Donaugrenze unterrichtet. So scheint es ihnen nicht entgangen zu sein, daß infolge der vielen Abkommandierungen und ständigen Ergänzungsschwierigkeiten der Effektivstand der Besatzung weit unter dem Sollstand lag. Als unter den Truppen, die nach Beendigung des Partherfeldzuges (166) in ihre Stammgarnisonen zurückkehrten, die Pest ausbrach, war der günstigste Zeitpunkt für den Angriff gekommen. Lager und Zivilstadt Vindobona gingen, wie viele datierte Brandspuren [76] beweisen, in Flammen auf.

Unter größten Anstrengungen gelang es Kaiser Marc Aurel (161—180), die verlorenen Gebiete wiederzuerobern und die Gegenoffensive Anfang der siebziger Jahre in das Gebiet der Quaden, Markomannen und Jazygen jenseits der Donau vorzutragen [77]. Die zerstörten Festungen und Städte, so auch Vindobona, wurden wiederaufgebaut. Die Kämpfe gingen inzwischen weiter. Krieg und Friedensschluß mit den Quaden wechselten zweimal, bis der Kaiser im Jahre 177, nach der Unterwerfung des aufständischen Statthalters von Syrien, Avidius Cassius, erneut angriff [78]. Die sarmatischen Jazygen wurden völlig, die Markomannen und Quaden beinahe zur Gänze niedergeworfen. Am 17. März 180 starb Marc Aurel; ob in Vindobona, ist nicht sicher [79], denn die Darstellung des an der Wende vom 2. zum 3. Jhdt. lebenden Historikers Cassius Dio ging verloren. Nach dem etwas jüngeren Kaiserbiographen Herodian segnete der Kaiser im Norden, an der Grenze, wo es einen Kaiserhof gab, das Zeitliche, während der Ende des 2. bis Anfang des 3. Jhdts. lebende Kirchenlehrer Tertullian aus Karthago Sirmium (Mitrovits) und der sogenannte Chronograph vom Jahre 354 bloß Oberpannonien als Sterbeort Marc Aurels angeben. Lediglich Aurelius Victor nennt Vindobona in der Form „Vendobona“ als jenen Ort, wo der Kaiser starb, ohne daß sich seine Quelle dafür nachweisen läßt.

Ob Marc Aurel die Absicht hatte, zwei neue römische Provinzen, nämlich Marcomannia und Sarmatia, einzurichten, ist fraglich [80]. Beim Wiederaufbau des Lagers wurde, wie die Entdeckung einer zweiten Lagermauer im Bereich der linksseitigen Retenturafront nach dem Krieg beim Neubau des Hauses Am Hof 9 zeigt [81], die Defensivkraft des Lagers unter anderem auch durch vor die Lagermauer vorgezogene Türme verstärkt. Solche sind am Limes stets zu einem Zeitpunkt festzustellen, da das römische Weltreich auf jede Offensive in diesem Abschnitt verzichtet hatte. Ob eine neutrale Zone am linken Donauufer in die Zeit vor Marc Aurel fällt — die Existenz von Brückenköpfen spricht dafür —, ist nicht geklärt. Ihre Breite schränkte der Kaiser zuletzt Markomannen und Quaden gegenüber auf die Hälfte, also auf sieben Kilometer, ein, während sie den Jazygen gegenüber unverändert blieb [82].

Die Markomannenkriege hatten die Schwäche der römischen Grenzverteidigung an der mittleren Donau deutlich aufgezeigt. Trotz seiner verhältnismäßig größeren Stärke — das Abschnittskommando, dessen Hauptpfeiler Vindobona und Carnuntum bildeten, umfaßte seit 103/104 außer Klosterneuburg (Asturis oder Cannabiaca) noch Ala Nova (Schwechat), Aequinoctium (Fischamend), Gerulata (Oroszvár, Járfalu, Kot Kortvélyes) und Ad Flexum (Magyaróvár), ferner wahrscheinlich mehrere Auffanglinien südlich davon und vermutlich ein Vorfeld nördlich der Donau — wurde dieser Grenzbereich durchbrochen. Die Auffanglinien erwiesen sich als wirkungslos. Sie wurden offenbar aus Veteranensiedlungen gebildet [83], zu denen sicher Inzersdorf gehörte. Aus diesen und anderen Erfahrungen heraus kam es allmählich zur Bildung von Abschnittsreserven [84], die für die spätrömische Zeit charakteristisch sind. Commodus (180—192), Marc Aurels Sohn und Nachfolger, beendete 180 den Krieg gegen die Markomannen und Quaden und gab die Stützpunkte auf, die zur Zeit seines Vaters jenseits der Donau errichtet worden waren. Die Quaden stellten dem Reich 15.000 Soldaten. Ferner mußten sie ihre Zusammenkünfte in Anwesenheit eines *centurio* vornehmen. Jeglicher Krieg gegen die Jazygen war ihnen untersagt [85]. Den Thronwirren, die dem Tod des Kaisers Commodus folgten, bereiteten die Donaulegionen durch die Ausrufung des Statthalters von Oberpannonien, L. Septimius Severus, in Carnuntum zum Kaiser (193—211) ein Ende. Zum Dank wurde Carnuntum in den Rang einer *colonia* erhoben. Die 10. Legion, die auf den Gedenkmünzen, welche das Ereignis der Proklamation festhalten, nicht aufscheint, dürfte sich indifferent verhalten haben [86].

Die Markomannenkriege hatten allgemeine Entvölkerung und einen wirtschaftlichen Rückschlag zur Folge, der in einer offiziellen Münzverschlechterung zum Ausdruck kam. Dafür legen in Vindobona 117 versilberte Kupferdenare, die, in einem Topf in der Herrengasse 4—8, 1913 gefunden wurden, Zeugnis ab. Durch die Constitutio Antoniniana vom Jahre 212, die das römische Bürgerrecht fast allen Reichsangehörigen gewährte, wurden zwar neue Steuerquellen erschlossen, doch die Münzverschlechterung nahm kein Ende, und die von Kaiser Caracalla (211—217) herausgegebene Silbermünze, der sogenannte Antoninian, bestand seit der Mitte des 3. Jhdts. bloß aus Kupfer und wenigen Prozenten Silber. Trotzdem war die Zeit der Severer von wirtschaftlicher Konjunktur gekennzeichnet [87].

Vindobona erholte sich nach der Katastrophe des Markomanneneinbruches ziemlich rasch. Das Legionslager wurde wiederaufgebaut,

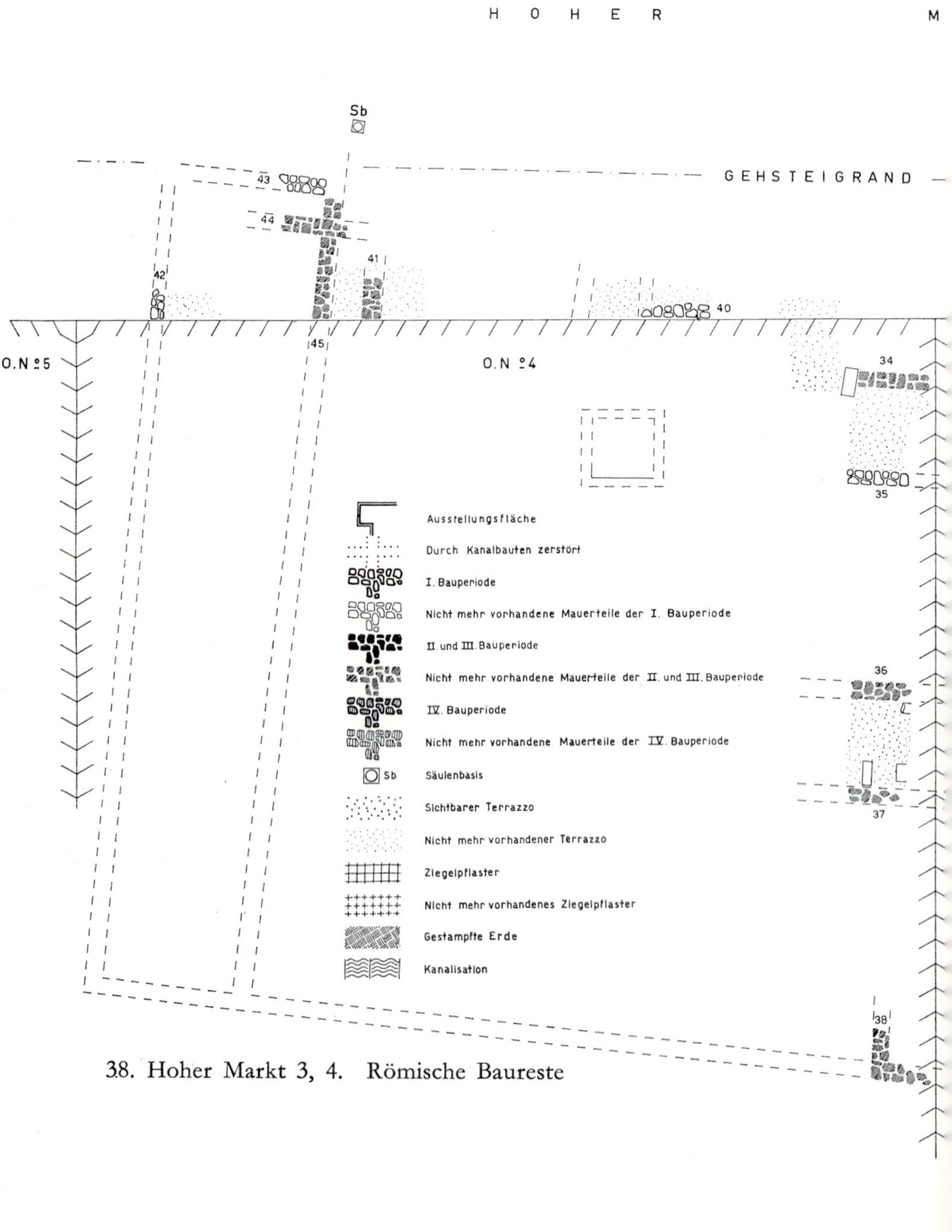

38. Hoher Markt 3, 4. Römische Baureste

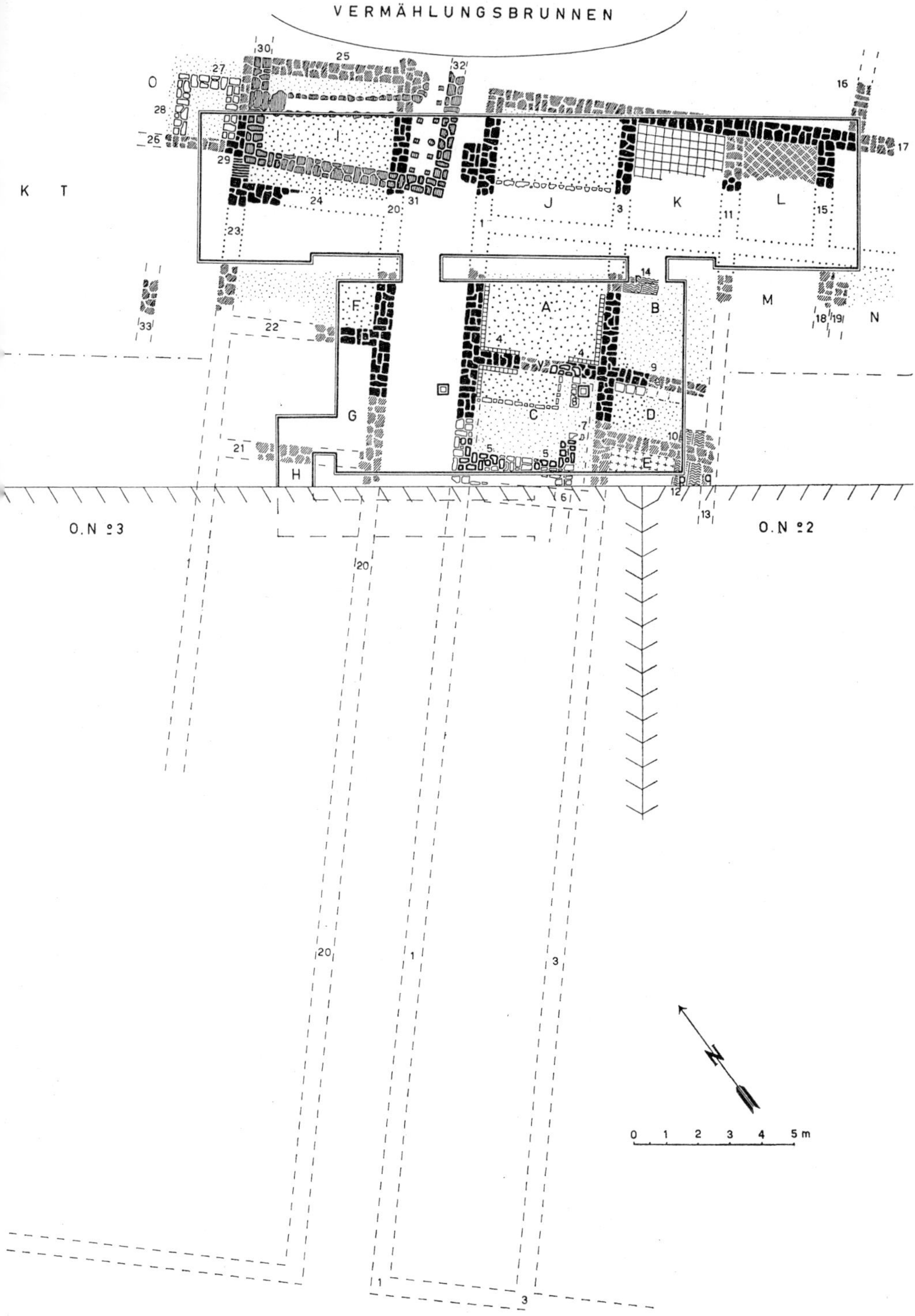
VERMÄHLUNGSBRUNNEN
O.N °3
O.N °2
K T
0 1 2 3 4 5 m
N

doch nicht ohne Veränderungen, die mehr das Detail betrafen, wie an den Hoher Markt 3, 4, 1948/49, 1959 und 1961 freigelegten Bauresten von zwei Tribunenhäusern (Abb. 38) zu erkennen ist[88]. Diese Häuser wie die Zentralbauten des Lagers, d. h. das Legionskommando *(principia)*, der Legatenpalast *(praetorium)*, das Lagerspital *(valetudinarium)* und das Bad, scheinen komfortabler und ansehnlicher ausgestaltet worden zu sein. Dafür sprechen ein in der Rotgasse 4 im Jahre 1896 gefundenes Gebälkstück aus Marmor[89] sowie in der Kramergasse 4–6, 1895, aufgedeckte Teile eines Flachreliefs (Abb. 39a, b) mit Darstellungen von Waffen und dem Haupt der Medusa im Strahlenkranz[90]. Aus dem Bereich des Legatenpalastes stammt die 1907 am Judenplatz zum Vorschein gekommene Malerei *al fresco*, die unter anderem die bekannte Darstellung von Hephaistos beim Schmieden der Waffen für Achilles zeigt[91]. Auch der Legatenpalast war möglicherweise mit Marmor verkleidet[92]. Auf das Fahnenheiligtum im Legionskommando weisen das in der Kramergasse 4–6 im Jahre 1895 gefundene Flachrelief (Abb. 40) eines springenden Stieres[93], das Zodiakalzeichen der 10. Legion, und der Rotgasse 4 – Rotenturmstraße 19 zum Vorschein gekommene Torso eines Jupiterhochreliefs (Abb. 85; 1896) hin[94]. Darstellungen von Jupiter, Juno und Minerva, den obersten drei Staatsgöttern, waren hier aufgestellt. Doch auch Kaiserstatuen gab es im Bereich der *principia*. Zu einer von ihnen aus vergoldeter Bronze könnte ein am Hohen Markt 3, 1948/49 gefundenes Fragment[95] eines linken Auges gehören. Im Lagerterritorium wurde die Lagervorstadt *(canabae)*,

39a

b

wie die Aufgrabung in der Schottengasse im Bereich der Tankstelle (1950) zeigte[96], wiederhergestellt, im Jahre 233 eine Wienflußregulierung durchgeführt und möglicherweise eine Naumachie unweit der Einmündung dieses Flusses in die Donau angelegt. Dies geht aus einem unterhalb der Marxerbrücke 1899 gefundenen Altar (Abb. 41a, b, c) hervor[97].

Auch die Zivilstadt wurde wieder instand gesetzt. Die Funde bezeugen, daß sie bald einen gewissen Wohlstand erreichte. So fällt das erwähnte, mehr als drei Meter lange und einen Meter hohe Kyknosrelief (Abb. 17) in diese Zeit, ebenso ein Marmortorso[98], der 1849 zwischen Aspangbahnhof und Hauptzollamt gefunden wurde (Abb. 42). Er ist Teil einer Jupiter- oder Kaiserstatue, die im Staatstempel, den jede römische Landstadt hatte, neben Darstellungen von Juno und Minerva aufgestellt war. Dieser Tempel befand sich wie das Rathaus *(curia)* und das Handels- sowie das Gerichtsgebäude auf dem Forum. Diese Bauten und das von Säulenhallen eingefaßte Forum selbst wurden damals wahrscheinlich repräsentativer ausgestaltet. Dies ist um so verständlicher, als Vindobona spätestens im Jahre 212 den Rang eines *municipium* erhielt, d. h. es stieg rechtlich zu einer Gebietskörperschaft höherer Ordnung auf[99]. Dafür scheint auch ein 1544 gefundener, später aber wieder verlorengegangener Altar, den Marcius Marcianus allen Göttern und Göttinnen widmete, zu sprechen[100]. Vindobona ist hier als *municipium* erwähnt, und die pantheistische Widmung spricht für eine Datierung in das 3. Jahrhundert. Marcianus war Gemeinderat *(decurio)* und

39a, b. Teile eines Waffenfrieses.
a Darstellung von Waffen;
b Haupt der Medusa im Strahlenkranz

40. Relief des Stierbildes der 10. Legion

41a, b, c. Altar mit den Reliefs von Neptun und einem opfernden Offizier, gesetzt Jupiter, Neptun, Salacea, den Nymphen, dem Genius Acaunus und allen Göttern und Göttinnen zum Wohle des Kaisers anläßlich der Wienflußregulierung 233

41a

hatte anfangs die Funktion eines Ädils, dann eines Quästors und schließlich eines der zwei Bürgermeister *(duoviri iure dicundo)* von Vindobona inne. Als solcher war er zugleich Feuerwehrkommandant *(praefectus fabrum)*.

Als *municipium* erhielt Vindobona einen eigenen Landbezirk, der offenbar von Carnuntum abgetrennt wurde[101]. Seine Westgrenze deckte sich mit der von Oberpannonien und Noricum, doch scheint sie im 3. Jhdt. über den Rücken des Wienerwaldes und östlich von Klosterneuburg verlaufen zu sein[102]. Im Norden bildete die Donau bis nahe der Einmündung der Schwechat, im Südosten die Ödenburger Pforte die Grenze. Innerhalb dieses Gebietes gab es Sied-

b c

lungen, deren Entstehung nur in den wenigsten Fällen feststeht[103]. So spielten bei Gumpendorf, Meidling, Heiligenstadt und Baden Thermalquellen eine Rolle, bei Sievering die Steinbrüche und bei Hernals die Ziegeleien; ein Teil der anderen, wie Inzersdorf, dürften Veteranendörfer gewesen sein. Der Markomanneneinfall verschonte auch sie nicht. Ihr Wiederaufbau setzte Ende des 2. Jhdts. ein[104].

Wie überall in Pannonien, war auch in Vindobona zweifellos seit jeher die Landwirtschaft, d. h. vor allem Ackerbau, Weinbau, Forstwirtschaft und Viehzucht, vorherrschend[105]. Bei den Gewerben dominierten die in vorrömische Zeit zurückreichende Töpferei und die Metallverarbeitung[106]. Die Einfuhr von Keramik ging zurück, die Produktion von Terra sigillata und Terra nigra kam zum Erliegen, und in den lokalen Erzeugnissen kam der Einfluß des an Zahl steigenden germanischen Bevölkerungselementes zur Geltung. Dies beweisen Form und Verzierung des in der Dorotheergasse 17 im Jahre 1900 gefundenen bikonischen Pokals (Abb. 43)[107] und des in der Plankengasse 4—Spiegelgasse 17, 1913 zum Vorschein gekommenen Bechers[108] mit hohem Fuß (Abb. 44).

Schon der Wiederaufbau während der Markomannenkriege und die Zeit danach führten in der Zivilstadt wie im Lager zu größerem Komfort, der sich im Einbau von Hypokausten zeigt[109]. Im Lager machte sich Anfang des 3. Jhdts. großer Raumbedarf geltend, der in den Tribunenhäusern, wie die Grabungen Hoher Markt 3, 4 1948/49, 1959, 1961 beweisen, zur weitgehenden Verbauung der Höfe führte[110]. Auch die Verwendung von importiertem Marmor nahm zu. Nicht nur Architekturteile, sondern auch Rundplastiken und Reliefs wurden aus ihm hergestellt. Beispiele aus dem Lager sind dafür der am Wildpretmarkt 6—Bauernmarkt 9, 1900 gefundene Torso einer Geniusstatuette[111], die der Waffenmeister Iul. Proclianus setzen ließ (Abb. 45), und das am Hohen Markt 3, 1948/49 ausge-

42. Torso einer Jupiter- oder Divusstatue aus Marmor

43. Bikonischer Pokal aus dunkelbraunem Ton, mit quadischem Furchenmuster und ostgermanischem Profil

44. Quadischer Becher aus dunkelgrauem Ton mit Kanneluren und Rippen

43

44

grabene Fragment einer Minervastatuette[112]. Vom Legionsfriedhof sind der erwähnte Grabstein des P. Titius Finitus (Abb. 16) und der in der Wollzeile 30 im Jahre 1938 zum Vorschein gekommene Torso (Abb. 46) einer weiblichen Sitzstatuette mit Kind[113] zu nennen. Während diese Objekte vom lokalen Bildhauer bzw. Steinmetz angefertigt wurden, muß die genannte Statue des Jupiter (Abb. 42) oder Divus Augustus[114] vom Staatstempel der Zivilstadt, für die ein Werk des strengen griechischen Stils aus dem zweiten Viertel des 5. Jhdts. v. Chr. Vorbild gewesen sein dürfte, von einem Künstler geschaffen worden sein, den man von auswärts geholt hatte; vielleicht wurde sie bereits fertig ausgearbeitet eingeführt.

Die Steinmetze und Bildhauer aus Vindobona formten ihre Werke meist aus dem hier reichlich vorkommenden Sandstein. Ihre Unbeholfenheit ist daraus ebenso ersichtlich wie die antiken Vorlagen und die Züge rein lokalen Charakters[115]. Für letzteren ist zum Beispiel das schon genannte Perseusrelief (Abb. 11) von der Nekropole unter dem Karlsplatz insofern typisch, als Perseus wie ein Legionär einen Leibgurt und an der Rechten eine Schwertscheide trägt[116]. Mit der Abnahme der anfangs üblichen Brandbestattung[117] und der Zunahme der Körperbestattung in Sarkophagen mehrten sich die Aufträge, zumal auch für Brandbestattungen Aschencisten in Verwendung kamen, wie ein Exemplar, das 1874 in der Augustinerstraße

45. Geniusstatuette des Iul. Proclianus von der 10. Legion

46. Torso einer weiblichen Sitzstatuette mit Kind

gefunden wurde, beweist[118]. Daneben gab es auch weiterhin einfache Beerdigungen auf der etwas hergerichteten Erde, und zwar ohne Überbau oder mit einem solchen aus Leistenziegeln.

Das 3. Jhdt. war in Vindobona wie in Pannonien[119] und anderen römischen Provinzen wahrscheinlich durch zunehmende Verbreitung ägyptischer und orientalischer Kulte gekennzeichnet, obgleich bisher bloß der Mithras- und Sarapiskult bezeugt sind. Ein im Jahre 1896 in der Sieveringer Straße 132 gefundener Altar[120], den Ulpius Secundus, Soldat der 10. Legion, Mithras, dem persischen Lichtgott zum Wohle des Kaisers gesetzt hatte (Abb. 47), gehörte zu einem Heiligtum der Siedlung beim Legionssteinbruch. Ein 1950 im Botanischen Garten zum Vorschein gekommenes Marmorrelief[121], das die übliche Darstellung des stiertötenden Gottes zeigt (Abb. 48), stammt offenbar aus einer Hauskapelle der Neustadt. Zwei in der Wipplingerstraße (1593) gefundene Altäre des Tribunen T. Fl. Quirinalis

7. Mithrasaltar des Ulpius Secundus von der 10. Legion

48. Mithrasrelief, vermutlich aus einer Hauskapelle der Neustadt

Maximus der 10. Legion zeugen von der Verehrung des Sarapis, den die Ptolomäer dem Osiris-Apis gleichsetzten und der von da an eine der bedeutendsten ägyptischen Gottheiten war[122].

Der Effektivstand der Besatzung des Legionslagers dürfte durch natürlichen Abgang, Verabschiedung und Ergänzungsschwierigkeiten weiter gesunken sein. Die Heiratserlaubnis, die Kaiser Septimius Severus den Legionären noch während der Dienstzeit gewährte, führte offenbar dazu, daß das Lager nur Dienstort und nicht auch ausschließlich Unterkunft blieb. Damit war der schon seit der Dislozierung des römischen Heeres an den Grenzen des Reiches unter Augustus einsetzende Erstarrungsprozeß soweit gediehen, daß es schließlich zum Bauernheer *(limitanei)* des Dominats kam[123].

Die Nord- und Ostgrenze des Reiches gerieten ab 213 wieder in Bewegung. In den Jahren 258—260 fielen Markomannen und Quaden in Pannonien ein, und 259/60 drangen die Alemannen durch Ostgallien bis Ravenna vor[124]. Römische Truppen in Pannonien und Mösien riefen zwei Provinzstatthalter zu Kaisern aus, und zwar Ingenuus und Regalianus. Der rechtmäßige Kaiser Gallienus (253 bis 268) machte den Herrschaften beider bald ein Ende. Das Kommando über die Provinzialheere, das bisher Senatoren zustand, wurde diesen entzogen und allen Heeresangehörigen Aufstiegsmöglichkeiten bis zu den höchsten Kommandostellen geschaffen. Gallienus gründete die Prägestätte Siscia (Sissek), aus der der größte Teil des in Vindobona gefundenen Geldes des 3. und 4. Jhdts. stammt. Von den nun folgenden Herrschern war Probus (276—282) insofern von Bedeutung, als er einerseits das Heer zur Anlage von Weinbergen heranzog, anderseits die Ansiedlung von Germanen in den Donaugebieten, die bereits unter M. Aurel, Gallienus und Claudius II. (268—270) gefördert worden war, intensivierte.

Unter Diokletian (284—305) kam die allmähliche Trennung von Militär- und Zivilgewalt zum Abschluß, und durch seine Heeresreform und die des Kaisers Konstantin (306—337) wurde auch den militärischen Erfordernissen Rechnung getragen. Damit vollzogen sich tiefgreifende Veränderungen auch im Wiener Raum. Was die Verwaltungsreform betrifft[125], so wurde das Reich in Diözesen geteilt, Gebiete, die bedeutend größer waren als die alten Provinzen und die je einem *vicarius* unterstanden. So gehörten zur *dioecesis Pannoniarum* die alten Provinzen Noricum, Pannonia superior, Pannonia inferior und Dalmatia, die zusammen jetzt sieben bildeten. Pannonia superior zerfiel in eine kleinere Provinz gleichen Namens und in die Provinz Savia, die das Gebiet zwischen mittlerer Drau und Save umfaßte. Pannonia inferior wurde ebenfalls in eine kleinere Provinz, Pannonia inferior, bis zur unteren Drau und in die von dort bis zur unteren Save reichende neue Provinz Valeria geteilt. Die Provinz Dalmatia wurde etwas verkleinert und Noricum in einen Landstrich an der Donau (Noricum ripense) und Binnennoricum (Noricum mediterraneum) getrennt. Die neue Provinz Pannonia superior, zu der auch Vindobona und Carnuntum gehörten, hieß später Pannonia I und hatte einen *praeses* als zivilen Statthalter, der dem in Sirmium residierenden *vicarius* der pannonischen Diözese unterstand. Die Legionen wurden nicht mehr wie früher von *legati*, sondern von *praefecti* kommandiert, die ihre Weisungen von einem eigenen militärischen Oberbefehlshaber, dem *dux limitis*, erhielten. Dazu kam, daß Diokletian die Bevölkerung in erbliche Kasten gliederte, die in der Berufswahl, in der Vermögensverfügung und in der persönlichen Bewegungsfreiheit gebunden waren. Am bezeichnendsten kam dieser staatliche Zwang schließlich im Warenhöchstpreisedikt vom Jahre 301 zum Ausdruck.

Diokletian verdoppelte[126] die Zahl der Legionen durch Heranziehung der *auxilia*, der fremdländischen Hilfstruppen, die den Legionären allmählich in Ausrüstung und Ausbildung angeglichen worden waren. Der größte Teil von ihnen war aber nicht mehr kriegs-, sondern bloß garnisonsverwendungsfähig, da der erwähnte Erstarrungsprozeß spätestens Ende des 3. Jhdts. durch die Ausbildung zur Bauernmiliz abgeschlossen wurde. So kam es bereits unter Diokletian zur Aufstellung des Feldheeres, der *comitatenses*. Kaiser Konstantin vollendete sie, und zwar auch dadurch, daß er den alten Truppenkörpern die letzten kriegsverwendungsfähigen Mannschaften entnahm. Das neue Heer bestand aus Einheiten zu je 1000 Mann, wobei Kavallerie und Infanterie streng getrennt waren. Darin sowie vor allem in der leichteren Bewaffnung und Ausrüstung zeigte sich der Unterschied zur rund 5000 bis 6000 Mann zählenden Legion der ersten Jahrhunderte der Kaiserzeit, die stets größtenteils aus Infanterie, daneben aber auch aus Artillerie und zeitweise Kavallerie zusammengesetzt war.

Die 10. Legion in Vindobona war eine Bauernlegion geworden und zählte wie alle übrigen Legionen der *limitanei* rund 1000 Mann, die von einem *tribunus* kommandiert wurden. Für sie war das Lager auf dem Plateau um den Hohen Markt zu groß geworden. Es kam zu mancherlei Veränderungen, wie der Abtragung der Lagermauer der linksseitigen Retenturafront, wodurch vielleicht die Anlage einer Schiffslände für die Ende des 4. Jhdts. von Carnuntum nach Vindobona verlegte Station der *classis Histrica* ermöglicht wurde[127]. Und schließlich ist es auch nicht undenkbar, daß, wie K. Öttinger[128] vermutet, die Peterskirche im 1. Bezirk auf eine frühchristliche Basilika zurückgeht, die durch Niederreißung von Kasernen entstanden sein könnte. Für die Verbreitung des Christentums im 4. Jhdt. spricht jedenfalls ein im Jahre 1954 am Hohen Markt 2 gefundener frühchristlicher Grabstein (Abb. 49)[129].

Auch das Lagerterritorium, auf dem sich außer der Lagervorstadt und dem Lagerfriedhof verschiedene, für die Bewirtschaftung notwendige Anlagen befanden, muß, bedingt durch die Entstehung des Bauernheeres, Veränderungen erfahren haben. Ob damit der am Neuen Markt—Plankengasse im Jahre 1898 gefundene Altar, den der *primuspilus* (ranghöchste Centurio) der 10. Legion, M. Aurelius Cocceius Florianus, mit den Seinen der Fortuna Conservatrix setzte[130], in Verbindung gebracht werden darf, muß offenbleiben.

Von Auseinandersetzungen an der Donaugrenze im Wiener Raum ist bis Ende des 4. Jhdts., als die mittlere und untere Donaufront durch die Hunnen in Bewegung gerieten, nichts bekannt. Anzeichen der kommenden Ereignisse scheinen Kaiser Valentinian I. (364—375) und dessen Bruder Valens (364—378) veranlaßt zu haben, die halbverfallenen Befestigungen des Rhein- und Donaulimes wieder instand zu setzen[131]. Von dieser Tätigkeit zeugen im Wiener Raum vor allem Ziegelfunde. Neben den Legionsziegeleien, soweit sie noch in Betrieb waren, gab es eine große ärarische Ziegelei in Arelapa (Groß-Pöchlarn an der Erlaufmündung), die den Bedarf an Ziegeln der Provinzen Noricum ripense, Pannonia I und Valeria deckte. Aus den Ziegelstempeln sind Bonus, Maxentius und Ursicinus bekannt (Abb. 50a, b)[132]. Ammianus Marcellinus vermerkt, daß die Befestigungsarbeiten einen enormen Steuerdruck zur Folge hatten, der viele zur Auswanderung zwang. Die Städte verödeten, und als Kaiser Valens nach dem Einfall der Quaden und Sarmaten, die gegen die Wehranlagen Einspruch erhoben, nach Pannonien eilte und jenseits der Donau einen Feldzug einleitete, konnte ihn bloß Savaria (Szombathely, Steinamanger) über die Winterszeit aufnehmen[133].

Der Tod des Kaisers in der Schlacht bei Adrianopel (378) gegen die mit den Ostgoten und Hunnen vereinigten Westgoten war für das Imperium Romanum von verheerender Wirkung. Die Feinde

49. Frühchristliches Grabsteinfragment

des Reiches gelangten bis an die italischen Grenzsperren, Ostgoten und Alanen fielen in die Provinzen Valeria und Pannonia II ein[134]. Kaiser Gratian (367—383) siedelte, als er die Alanen nicht vertreiben konnte, diese in den Provinzen Valeria und Pannonia I an. Kaiser Theodosius (379—395) ließ die Verteidigungswerke dort, wo sie gelitten hatten, wieder instand setzen. Sein Tod und die Teilung des Reiches in Ost- und Westrom lösten offenbar jenen Einbruch der Markomannen aus, der sie über Vindobona nach Salona und Dyrrhachium (Durazzo) führte[135]. 519 kleine Kupfermünzen, die im Jahre 1911 in einem niedergebrannten Kasernenzimmer in der Rotgasse gefunden wurden[136], lassen auf dieses Datum schließen. Ebenso stammen die letzten weströmischen Münzfunde der Zivilstadt aus dieser Zeit[137]. Auf die Erneuerung des Limes an der mittleren Donau durch Goten und Alanen weisen im Wiener Raum die im Lager Hoher Markt 3 in den Jahren 1959 und 1961 ausgegrabenen Trockenmauern (Abb. 51) hin[138], für Inzersdorf ein bei der Schule Wienerfeld-Ost 1951 freigelegtes Grab[139], für Schwechat drei im Bereich des Zentralfriedhofes 1921 und 1930 aufgedeckte Gräber[140].

Im Jahre 405 zogen Goten und Alanen an den Rhein ab, 433

50a, b. Ziegelstempel des Maxentius und des Ursicinus

wurde Pannonia I an die Hunnen abgetreten[141]. Seit dem Anfang des 6. Jhdts. war der Wiener Raum im Besitz der Langobarden[142] und seit 568 bis Ende des 8. Jhdts. in dem der Awaren[143]. Die Tatsache, daß sich römische, langobardische und awarische Gräberfelder fast stets nebeneinander finden, ist offenbar nur dadurch zu erklären, daß sich eine romanische Restbevölkerung in Vindobona bis ins 8. Jhdt. hielt[144].

51. Hoher Markt 3. Raum I mit der Mauer 31 und, davon im Winkel zur modernen Abschlußwand abgehend, die Mauer 30

Erforschung

Vindobona war nach seiner Zerstörung kein geschlossener Trümmerhaufen, und eine Unterbrechung der Besiedlung erfolgte nicht. Nicht alle Teile wurden wieder bewohnbar gemacht. Die Langobarden benützten im 6. Jhdt. das Lagerspital als Friedhof[1]. In allen Siedlungen des Stadtgebietes von Vindobona gab es zahlreiche Objekte, die wieder Verwendung fanden. Grabsteine und Architekturstücke dienten zum Bau der romanischen und gotischen Stephanskirche[2], und die karolingische und romanische Jakobskirche in Heiligenstadt zeigt die Wiederbenützung von Baumaterial des an der gleichen Stelle befindlichen römischen Pfeilerbaues[3]. In Unterlaa wurde ein verhältnismäßig gut erhaltenes römisches Grabhaus in den Bau der karolingischen und romanischen St.-Johann-Kirche einbezogen[4]. Die Lagermauer mit ihren Türmen diente der mittelalterlichen Stadt als Schutz und blieb lange Zeit erhalten. Nach der Schilderung Gutolfs von Heiligenkreuz waren von ihr noch im 13. Jhdt. wuchtige Teile vorhanden[5]. Und eine Urkunde Bischofs Otto von Freising, des Bruders Heinrich I., vom 31. Oktober 1277 bezeugt für diese Zeit den südöstlichen Lagereckturm im Gebiet des heutigen Hauses Goldschmiedgasse 7[6].

Von einer Sammeltätigkeit aus historischem Interesse ist bis zur Zeit von Wolfgang Lazius (1514—1565)[7], des Leibarztes Ferdinand I., nichts bekannt. Erst für Lazius ist im Lazenhof (Judengasse 15) eine Sammlung römischer Altertümer nachgewiesen. Auf sie lassen sich fünf Inschriftensteine zurückführen, von denen bloß ein einziger in die Antikensammlung des Kunsthistorischen Museums gelangt ist. Alle übrigen sind verschollen wie die Sammlung selbst. Neben literarischen Quellen zog sie Lazius für die Abfassung seiner vier Bücher „Vienna Austriae“, Basel 1546, und für die zwölf Bücher Abhandlungen zur Geschichte der römischen Grenzprovinzen („Commentariorum rei publicae Romanae illius in exteris provinciis bello acquisitis constitutae libri duodecim") heran, die in erster Auflage Basel 1551 und in zweiter Frankfurt 1590 erschienen.

Lazius' Arbeitsweise war in vielen Belangen unwissenschaftlich. So konstruierte er aus einem praef(ectus) co[ll(egii)]fabr(um) einen praef(ectus) co[h(ortis)] Fabi(anae), um so den epigraphischen Nachweis für die von Bischof Otto von Freising aus kirchenpolitischen Gründen vorgenommene Gleichsetzung von Favianis mit Wienne zu liefern [8]. In eine andere Inschrift fügte er den Namen des Dakerkönigs Decebalus ein, in eine weitere den der Markomannen[9]. Bezeichnend für Lazius sind auch seine Lesungen römischer Ziegelstempel. Trotzdem waren seine Ergebnisse nicht immer schlecht, wie die beiden Inschriftenfragmente zeigen, die bei der Restaurierung der Gumpendorfer Kirche im Jahre 1962 zum Vorschein kamen[10]. Beeinflußt ist Lazius' Darstellung auch von seinem älteren Zeitgenossen, dem rheinischen Humanisten Beatus Rhenanus, der Vindobona unrichtig mit dem illyrischen Ort Vendum südlich der Save identifizierte[11].

Als zweiter Sammler römischer Altertümer ist der Baumeister Hermes Schallauczer (1503—1561)[12] zu nennen, der in Wien in verschiedenen städtischen Ämtern tätig war (1538/39 sogar als Bürgermeister) und als Bau-Superintendant auch in landesfürstlichen Diensten stand. Bei der von Ferdinand I. unmittelbar nach der ersten Türkenbelagerung angeordneten Verstärkung der Stadtmauern fand er sechs Inschriftensteine. Sie kamen nach seinem Tod in die Sammlung des Hofkammerrates Hieronymus Beck von Leopoldsdorf im Schloß Ebreichsdorf, wo sie nach dessen Hinscheiden für Schloßzubauten dienten.

Beck, der dritte Sammler, stellte seine Kollektion in den Jahren 1568 bis 1596 zusammen. Nur fünf von 34 Inschriftensteinen, von denen Zeitgenossen berichten, wurden wieder gefunden. Zu ihnen zählt auch der bekannte Grabstein der Aurelia Ursula, der an der Außenwand der Schloßkapelle zu sehen ist.

Die Sammeltätigkeit von Lazius, Schallauczer und Beck fand keine Nachahmer. Darüber darf auch die öffentliche Zurschaustellung von Inschriftensteinen im 15. Jhdt. und später nicht täuschen[13]. Erst Ende des 17. Jhdts. begann man wieder zu sammeln, doch ging alles verloren, ebenso wie die Funde, die beim Bau des Wiener Neustädter Kanals gemacht wurden. Nur wenige von ihnen gelangten in das K. K. Münz- und Antikenkabinett. Auch die Geschichtsschreibung, die sich mit Vindobona befaßte, kam bis zur zweiten Hälfte des 19. Jhdts. über dilettantische Versuche nicht hinaus.

Unter dem Eindruck der archäologischen Entdeckungen in den

Mittelmeerländern und gefördert durch die zahlreichen Erdaufschlüsse im Zuge der verschiedenen Phasen der Stadterweiterung begann allmählich auch das Interesse an der älteren Vergangenheit Wiens zu erwachen. Die wissenschaftliche Berichterstattung über die Inschriften wurde von Anton Steinbüchel und, darüber hinaus, für alle einschlägigen Funde von Johann Gabriel Seidl (1804—1875) in die Wege geleitet. Veröffentlichungen erfolgten seit 1846 in A. Schmidls „Österreichischen Blättern für Literatur und Kunst" (1840—1847), später im „Archiv für Kunde österreichischer Geschichtsquellen" (1849—1867).

Die Beschäftigung mit den Funden führte zu topographischen Fragen, das heißt auf die nach der Lage des Lagers und der Zivilstadt. An der Suche beteiligten sich besonders der Feldzeugmeister und Kartograph Franz Ritter von Hauslab (1798—1883), der Graphiker und Altertumsforscher Albert Camesina, Ritter von San Vittore (1806—1881), der Direktor des K. K. Münz- und Antikenkabinetts, Friedrich Kenner (1834—1922), und der Althistoriker, Epigraphiker und Numismatiker Wilhelm Kubitschek (1858—1936). Abgesehen von dem Plateau um den Hohen Markt wurde das Lager auf den südlichen Anhöhen bei St. Marx und sogar jenseits der Donau vermutet[14]. W. Kubitschek gelang es schließlich im Anschluß an Kenner, der in seiner Arbeit „Vindobona, eine archäologische Untersuchung über den Zustand Wiens unter der Herrschaft der Römer" (Berichte und Mitteilungen des Altertumsvereines zu Wien IX, 1866, 178ff.) alle Gründe für die Lage des Lagers auf dem Gelände um den Hohen Markt angegeben hatte, durch seine Monographie „Vindobona" („Xenia Austriaca" I, Wien 1893, Festschrift der österreichischen Mittelschulen zur 42. Versammlung deutscher Philologen und Schulmänner in Wien) die Lage des Lagers auf dem Plateau um den Hohen Markt und die der Zivilstadt, das heißt ihres Zentrums, im Bereiche des Aspangbahnhofes zu klären. Durch Zusammenfassung aller Funde, vor allem der Inschriften, gab Kubitschek zugleich eine sehr erwünschte Übersicht, die der Vindobonaforschung nach 1893 als Ausgangspunkt diente. Von besonderer Bedeutung für die archäologische Bodenforschung, an der auch der Geologe Eduard Suess, der Baurat A. Hauser und der Hofrat des Obersten Gerichtshofes F. v. Raimann teilnahmen, wurde die Tätigkeit des aus Litauen stammenden Josef Hilarius Nowalski de Lilia (1857—1928)[15]. Er begnügte sich nicht mehr mit der rein dimensionalen Lage eines Fundes, sondern bestimmte diese näher durch Angabe der betreffenden Kulturschichte, zeichnete Schichtenprofile und war der Praktiker im Gelände. Nowalski rief als erster einen archäologischen Fundnachrichtendienst ins Leben, der, als sich 1901 ein eigener Gemeinderatsausschuß zur Förderung der archäologischen Erforschung Wiens konstituiert hatte, weiter ausgebaut wurde. Anzeigen über beabsichtigte Aufgrabungen im Wiener Stadtgebiet gingen entweder diesem Ausschuß zu oder an Nowalski, der im Jahre 1901 Inspektor für die archäologische Erforschung Wiens geworden war.

Kenner veröffentlichte 1897 seine zweite Monographie von Vindobona im ersten Band der vom Altertumsverein herausgegebenen „Geschichte der Stadt Wien" und seit 1896 Fundberichte, die in den Publikationen der seit 1856 bestehenden „K. K. Zentralkommission für Erforschung und Erhaltung der Kunst- und historischen Denkmale" erschienen. Der Wert dieser Berichte wurde dadurch gemindert, daß sich Kenner, der nur selten am Fundort erschien, fast lediglich auf die Beobachtungen Nowalskis stützte, der wiederum die deutsche Sprache schlecht beherrschte.

Den Bemühungen Nowalskis und des erwähnten Gemeinderatsausschusses war es zu verdanken, daß das „Archäologische Museum der Stadt Wien" oder das „Museum Vindobonense", wie es zunächst hieß, gegründet wurde. Die Eröffnung fand am 27. Mai 1903 in Wien 4, Rainergasse 13, statt. Damit war eine Einrichtung geschaffen worden, die sich zur Zentralstelle für die archäologische Erforschung Wiens entwickelte und deren erster Betreuer Nowalski wurde[16].

Die Beweisführung von Wilhelm Kubitschek, der sich, wie erwähnt, für die Lage des Legionslagers auf dem Plateau um den Hohen Markt aussprach, wurde durch Funde in den Jahren 1900–1913 glänzend bestätigt[17], das heißt durch die Aufdeckung der *porta principalis sinistra* bei der Hohen Brücke (Abb. 52) und der *porta decumana* an der Kreuzung Tuchlauben–Kohlmarkt–Naglergasse–Graben mit Teilen der Lagermauer (Abb. 53), einem Zwischenturm, einem Lagermaueranbau unbekannter Bestimmung und dem Lagergraben (Abb. 54). Reste der Lagermauer wurden am Rabensteig, Rabenplatz, am Bergl und in der Seitenstettengasse gefunden, ferner die davor liegenden zahlreichen Fallgruben und die Holzverpfählungen. Bei der Kirche Maria am Gestade kamen die Toranlagen des Militärhafens und die Lagermauer zum Vorschein (siehe Nachsatzblatt). Im Jahre 1904 wurden ferner die Lagermauer mit dem Lagergraben, Palisaden aus Holz, eine davor verlaufende Straße und Fallgruben vor dem Hause Graben 22–Jungferngasse 2 festgestellt. Dazu kamen im Jahre 1907 in der Dorotheergasse gleichfalls der Lagergraben, Holzpalisaden und die hier 9,5 Meter breite Straße aus rechteckigen, auf den gewachsenen Boden gelegten Sandsteinplatten (siehe Nachsatzblatt). Außerdem wurden noch ein

52. Fundament mit sockelartigem Vorsprung vom Südwestturm der *porta principalis sinistra*

Zwischenturm (Abb. 55) und Reste von Anbauten (siehe Nachsatzblatt) Am Hof 4 (1913) beziehungsweise in der Naglergasse 24 freigelegt. Nimmt man den südöstlichen Lagereckturm im Bereich des Hauses Goldschmiedgasse 7 und die Lagermauer im Gebiet der Alten Brandstätte hinzu, die beide schon früher aufgedeckt worden waren[18], so war damit der Umfang des Lagers im wesentlichen bestimmt.

Die Aufdeckungen zeigten ferner, daß die Lagermauer zwei bis drei Meter stark und außen und innen mit großen Buckelquadern verkleidet war. Statischen Überlegungen zufolge dürfte sie mit der Krone, die den Funden nach im Lagergraben aus Zinnensteinen mit Zinnenhauben bestand, eine Mindesthöhe von sechs Meter erreicht haben. Die angebauten Zwischentürme und die wuchtigeren Tortürme waren vermutlich mindestens zehn Meter hoch. An der Innenseite zog sich ein gewaltiger, durch Mauern gestützter Erdwall hin.

Mit der Feststellung des Verlaufs der Lagermauer war der erste Schritt zur Klärung der Topographie des Lagerinneren getan. Doch sollten noch Jahre vergehen, bis es gelang, die teilweise seit der Mitte des vergangenen Jahrhunderts und schon früher zum Vorschein gekommenen römischen Mauerzüge innerhalb des Lagers ihrer baulichen Zugehörigkeit nach zu bestimmen.

Zugleich damit war auch die Abgrenzung des Lagerterritoriums vom Lager gegeben. Die Ausdehnung des Territoriums bis zum Verlauf der heutigen Ringstraße hatten die in diesem Bereich schon früher gemachten, bis ins 16. Jhdt. reichenden Funde allmählich erwiesen[19]. Sie zeigten, daß das Lager von einem durch verschiedene Anlagen unterbrochenen Friedhof umgeben war. Zu ihnen zählten Töpferöfen, von denen einer am Neuen Markt 11 im Jahre 1897 und ein zweiter in der Stallburggasse 1 (1901) aufgedeckt wurde[20]. Ferner kamen verschiedene Baureste zum Vorschein, und zwar im Bereich Kohlmarkt—Habsburgergasse—Graben (1874, 1896/97), in der Rockhgasse 3 (1876), im Rathauspark bei der Stadiongasse und im Votivkirchenpark (1879) sowie auf dem Fleischmarkt 18, 20, 22—Postgasse 17, 19 (1902). Die Reste am Graben bezog Kenner auf die *canabae*, die Lagervorstadt, doch wurde diese Deutung hinfällig, als die volle Breite des Lagergrabens samt Palisaden, einer Straße und Fallgruben in den Jahren 1904 und 1907 bekannt wurde[21]. Denn damit kam der größte Teil der seinerzeit festgestellten Hausreste im Lagergraben zu stehen. Die Häuser mußten daher zu einer Zeit entstanden sein, als der Graben seine ursprüngliche Funktion längst verloren hatte. Ein seit dem 16. Jhdt. bekannter Votivstein — er war Apollo und den Nymphen gewidmet —, der am Neuen

53. Lagermauer und Lagergraben bei der *porta decumana*

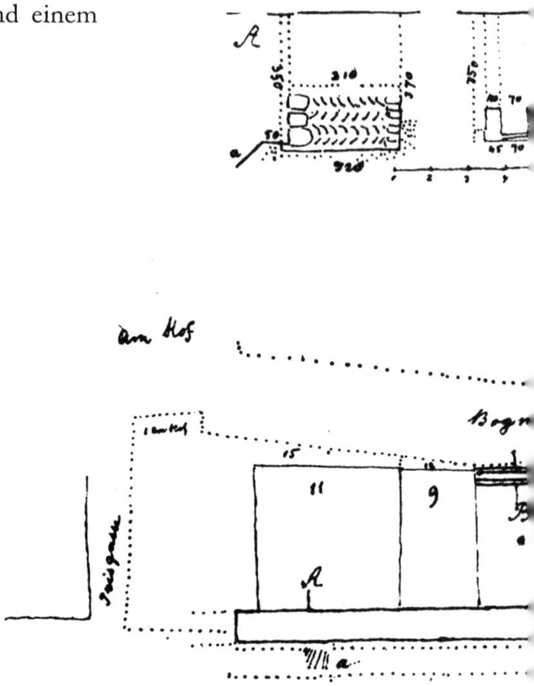

54. Lagermauer mit Anbauten und einem Torturm der *porta decumana*, Grundriß mit den Profilen A—D

Markt 8, 8a zum Vorschein gekommen war[22], wurde von Kenner mit Recht auf eine heilkräftige Quelle in nächster Nähe bezogen. Den 1899 bei der Wienflußregulierung an der rechten Uferböschung (unterhalb der Marxerbrücke) gefundenen Altar (Abb. 41 a, b, c) deutete er mit zwei unweit davon befindlichen und 1874 und 1899 aufgedeckten römischen Betonresten als eine Naumachie[23].

Mit der *porta principalis sinistra* und der *porta decumana* war der Ausgangspunkt zweier durch das Lagerterritorium führender Militärstraßen gegeben. Von ihnen wurde die eine durch Straßenstücke, die 1897 in der Heßgasse 3—5 und in der Helferstorferstraße, 1901 in der Schottenbasteigasse 8—Heßgasse 1, in der Renngasse 16, am Schottenring 1—Währinger Straße, 1904 zwischen Währinger Straße und Votivkirche und 1907 in der Heßgasse 1 gefunden wurden, bestimmt[24]. Für den Verlauf der zweiten, von der *porta decumana* ausgehenden, blieb das 1886 in der Gumpendorfer Straße 39 zum Vorschein gekommene Meilensteinbruchstück[25] aus dem Jahre 252

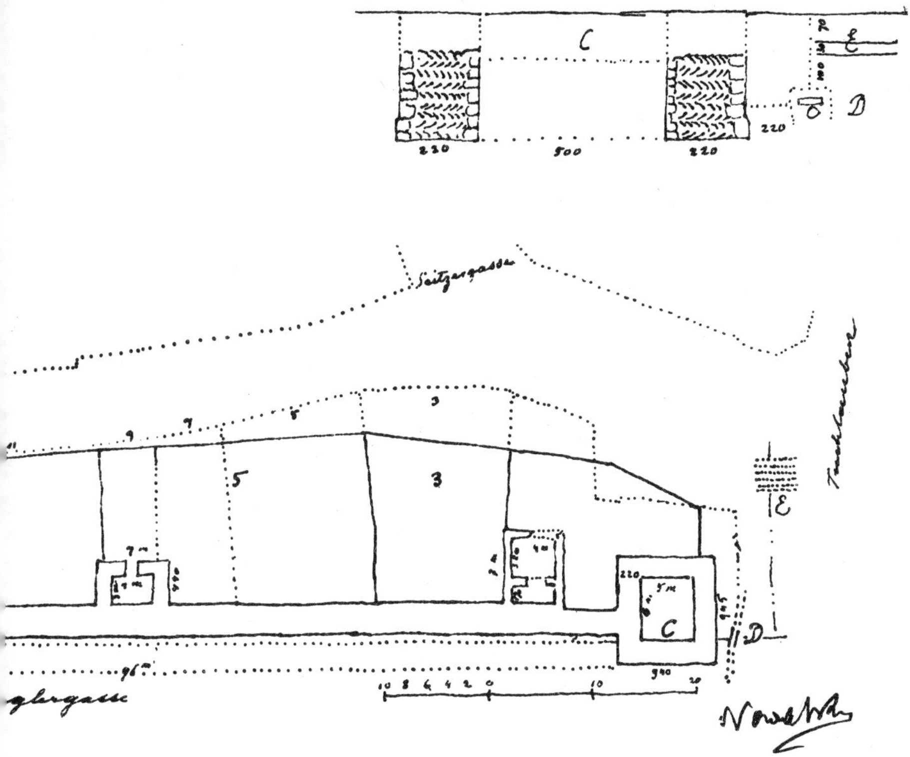

der einzige Anhaltspunkt. Daß die Straße über Kohlmarkt und Heldenplatz bis zur Gumpendorfer Straße führte, wurde nur vermutet. Eine dritte Militärstraße, nämlich die südöstliche Fortsetzung der zuerst genannten, wurde unter der Voraussetzung, daß die Lage des Lichtenstegs mit der Lage der *porta principalis dextra* identisch ist, zwischen Bäckerstraße und Sonnenfelsgasse vermutet[26]. Dafür sprachen die Entfernungsangabe von drei Kilometer auf dem seit dem 16. Jhdt. bekannten St. Marxer Meilenstein[27] aus den Jahren 253—259 und die 1909 in der Landstraßer Hauptstraße 19/21 und 75/77 aufgedeckten Straßenstücke[28]. Das Bestehen einer vierten zivilen Straße, der sogenannten Munizipalstraße, die offenbar bei der Schottentorkreuzung von der erwähnten Militär- oder Limesstraße abzweigte und dem Zug Herrengasse—Augustinerstraße entsprach, wurde vor allem deshalb nahegelegt, weil dieser Verkehrsstrang 1327 als „alta Strata" und 1547 als „Hochstraße" in den Plänen von Wolmut und Hirschvogel aufscheint[29].

Auch die geographische Forschung trug zur Kenntnis des Lagerterritoriums dadurch bei, daß es ihr vor dem 1. Weltkrieg gelang, die Bodengestalt vor der Besiedlung des Plateaus um den Hohen Markt zu klären[30]. Es zeigte sich, daß das alte Bett der Donau mit einem Arm bis zu jenem 12 bis 15 Meter tiefen und steilen Hang der Stadtterrasse heranreichte, mit dem das Plateau nach Norden abbricht. Ebenso schroff war der Abfall zu dem vom späteren Ottakringer Bach durchflossenen Tiefen Graben und zu dem Gelände, das heute Stephansplatz und Rotenturmstraße einnehmen. Auch hier floß ein Bach, der, im Mittelalter die „Möhrung“ benannt, ungefähr dort entsprang, wo heute die Pestsäule steht. Von da verlief er über den Graben, den Stephansplatz und die Rotenturmstraße in die Donau. Nur nach Südwesten dachte sich das Gelände größtenteils allmählich ab. Dazu kommen zwei Kuppen am linken

55. Zwischenturm der Lagermauer mit Eingangsschwelle

Ufer des Ottakringer Baches zu beiden Seiten der Limesstraße an der *porta principalis sinistra*. 1858 hatten sie noch eine Höhe von 168 bis 168,5 Meter, überhöhten also den Steilrand am rechten Ufer um 2 bis 2,5 Meter. Die Reste der römischen Befestigungen auf der südlichen Kuppe wurden im Jahre 1896 in der Wipplingerstraße 21, auf der nördlichen Wipplingerstraße 24—26 (1906) aufgedeckt[31]. Die Nachteile des Terrains im Südwesten glichen die Römer, wie die verschiedenen Aufgrabungen an der Lagermauer zeigten[32], durch einen dreifachen, je rund 2,55 Meter tiefen, gemauerten Graben und durch Holzpalisaden sowie Fallgruben aus. Dagegen machte der Hang an der Rotgasse und vermutlich auch der an der Kramergasse neben Palisaden und Fallgruben bloß einen einfachen Graben erforderlich.

Kubitscheks grundlegende Arbeit über Vindobona hatte auch die Lage der Zivilstadt beim heutigen Aspangbahnhof dargetan. Nicht nur die Funde beim Bau des Wiener Neustädter Kanals in den Jahren 1798 bis 1803 weisen darauf hin, sondern auch der offensichtliche Schnittpunkt zweier Straßen in nächster Nähe. Kubitscheks Beweisführung wurde durch Funde in den Jahren nach 1893 voll bestätigt. Der Verlauf der römischen Straße im Zuge der Landstraßer Hauptstraße, für den bloß der erwähnte Meilenstein in St. Marx an der Einmündung der Schlachthausgasse sprach, wurde 1898 durch Aufdeckung eines Straßenstückes, das bis in die Viehmarktgasse verlief, und durch ein anderes am Ende der genannten Gasse Richtung Döblerhoffstraße sowie 1909 durch zwei weitere an der Landstraßer Hauptstraße 19/21 und 75/77 bestätigt[33]. Als zweite Straße konnte der Rennweg, den als römische Straße nicht nur die Bezeichnung, sondern auch einige Funde entlang derselben befürworten, durch ein Straßenstück bei Nr. 33, 33a (1899) und weitere Funde beiderseits dieser Straße gesichert werden[34]. Ein Verbindungsstück beider Verkehrslinien wurde im Jahre 1898 Landstraßer Hauptstraße 173 gefunden[35]. Häuserreste kamen am Rennweg 12a—14 (1903ff., Abb. 8), in der Steingasse 35 (1903/04), Reisnerstraße 59, 61 (1904), an der Kreuzung Rennweg—Ungargasse—Fasangasse (1905/06), in der Klimschgasse 2, 12—14 (1908), am Rennweg 11—Marokkanergasse 25, in der Stanislausgasse 1, 2, 4 (1909), am Rennweg 87—Oberzellergasse 14, 16, 18, 20 (Abb. 7) und in der Oberen Bahngasse 10 (1910) zum Vorschein[36]. In der letzteren befand sich offenbar eine Werkstätte. Die Baureste Rennweg 87—Oberzellergasse 14, 16, 18, 20 hingegen gehörten zu einer großen, mit Bad und Hypocaustum ausgestatteten Anlage. Sie erstreckte sich wahrscheinlich vom Rennweg bis zur Landstraßer Hauptstraße. Als Wohnkomplex mit Wirtschaftsräumen wurden die Reste Rennweg 12a—14 erkannt. Auf Wohnhäuser bezog man auch die Reste in der Reisnerstraße 59, 61 und am Rennweg 11—Marokkanergasse 25, während alle anderen, da sie im Bereich von Gräberfeldern liegen, mit dem Totenkult in Zusammenhang gebracht wurden. An der Südwestseite der Staatsdruckerei kam nahe den erwähnten Bauresten (Rennweg 12a—14) eine Ziegelei des M. Antonius Tiber(ianus) zum Vorschein, ferner wurden ein Töpferofen am Rennweg 62/64 (1903), zwei weitere am Rennweg 96 (1907/08, Abb. 56) und je einer in der Barmherzigengasse 3 (1910) und am Rennweg 81 (1912) gefunden[37]. Dazu kamen noch Straßenreste in der Fasangasse 1, in der Hohlweggasse 15 (1898, 1902), Ecke Gärtnergasse—Landstraßer Hauptstraße (1909) und Marx-Meidlinger Straße—Gürtel (1918)[38]. Schließlich sind noch zwei Friedhöfe zu erwähnen[39]. Auf den einen wie auf ein Straßenstück stieß man bereits 1865 beim Bau des Künstlerhauses und später, 1898, bei der Wienflußregulierung im Gebiet des Karlsplatzes und 1915 auf dem alten Naschmarkt, auf den anderen 1890/91 beim Arsenal. Schon Kenner erkannte, daß die Wien in römischer Zeit wahrscheinlich im Bereiche des Kärntner Ringes floß und später, nachdem sie die Richtung ihres Laufes geändert hatte, den Friedhof auf dem Karlsplatz zerstörte[40].

Die Grenze des Landbezirkes an der Donau ist durch Meilensteinfunde aus der Mitte des vergangenen Jahrhunderts ungefähr festgelegt. Im Jahre 1834 wurden im Bereiche des Stiftes Klosterneuburg zwei solcher Steine gefunden, einer mit der Entfernungsangabe von 5000 Doppelschritten von Vindobona aus, das sind 7,5 Kilometer[41], und 1843 sechs weitere am Westrand von Klein-Schwechat, die übereinstimmend 21.000 Doppelschritte (31,5 Kilometer) von Carnuntum an verzeichnen[42]. Es ist nicht anzunehmen, daß sich Carnuntum nach Westen noch weiter ausgedehnt hat, und der Klosterneuburger Meilenstein muß ursprünglich südöstlich der Stadt gestanden sein, da diese elf Kilometer westlich von Wien liegt.

Alle anderen Grenzen blieben offen und damit auch, was an Siedlungsresten in der weiteren Umgebung des Lagers und des Stadtzentrums zu Vindobona gerechnet werden konnte. Feststand von vornherein die Zugehörigkeit der Legionsziegeleien in Hernals, auf die Funde schon aus dem 18. Jhdt. und später weisen[43], und die der Steinbrüche in Sievering. Für sie sprachen das Bruchsteinmaterial aus dem Lager und das 1896 festgestellte Mithräum an der Sieveringer Straße 132[44]. Ebenso zum Landbezirk von Vindobona mußte der am rechten Ufer der Donau gelegene und unter militärischer Aufsicht stehende Bereich zählen. Auf einen Limesturm bezog Kenner Teile von zwei vor und im Jahre 1872 zum Vorschein gekommenen Mauern im Gebiet Bauernfeldgasse–Pokornygasse–Heiligenstädter Straße[45]. Auch die Zugehörigkeit der Siedlungen in Baden, Guntramsdorf, Inzersdorf, Lainz, Mauerbach, Meidling, Mödling, Purkersdorf, Unterlaa und Vösendorf, die teilweise schon Spuren seit dem 18. Jhdt., größtenteils aber seit dem 19. bezeugten[46], war kaum zu bezweifeln. Die Siedlungen in Meidling und Baden wurden nach den Funden durch heilkräftige Quellen bedingt. Neben Inzersdorf und Vösendorf nahm Kenner für Baden auch militärische Bedeutung an, die sich den Funden zufolge ausschließlich für Inzersdorf vertreten ließ. Kenner dachte dabei an Auffanglinien, zu denen auch Maria Lanzendorf, Muthmannsdorf und, nach K. Giannoni, Mödling gehören sollten.

56. Töpferofen

Vom Verkehrsnetz des Landbezirkes konnten bis 1924 nur wenige Spuren festgestellt werden[47]. Die Limesstraße wurde beim Neugebäude (1903) und auf der Simmeringer Hauptstraße bis zum Haus Nr. 131 (1906) an mehreren Stellen gefunden. Die Verbindung mit Scarabantia (Sopron, Ödenburg) konnte an der Einmündung der Kundratstraße in die Triester Straße 1914 angeschnitten werden und war ferner durch fünf im Jahre 1841 nahe der heutigen Kläranlage in Inzersdorf gefundene Meilensteine und durch einen aus Vösendorf (1820) gegeben. Schließlich wurden der Verlauf der römischen Wasserleitung von Brunn am Gebirge über Liesing sowie ein Teilstück zwischen Atzgersdorf und Mauer Richtung Rosenhügel, von da bis Hetzendorf und weiter, zwischen Premlechnergasse und Rosenhügelstraße, bis zum Küniglberg aufgedeckt[48].

Der Zuwachs an Funden bedingte im Jahre 1912 die Vergrößerung des Museum Vindobonense[49] zunächst um zwei weitere Räume. Im gleichen Jahr wurde Erich Polaschek, ein Schüler von Wilhelm Kubitschek, mit der wissenschaftlichen Führung des Museums betraut, und 1914 erschienen im Verlag des Gemeinderats-Präsidiums die „Dienstvorschrift für den städtischen Inspektor für die archäologische Erforschung Wiens" und die „Verwaltungsvorschrift für das Museum Vindobonense". Diese hoffnungsvolle Entwicklung wurde durch den Zusammenbruch der österreichisch-ungarischen Monarchie jäh unterbrochen.

Im Jahre 1919 kam es zur Auflösung des „Gemeinderatsausschusses zur Förderung der archäologischen Erforschung Wiens". Seine Agenden übernahm das Historische Museum der Stadt Wien. Drei Jahre später schied Nowalski des Alters wegen aus dem Dienst, und wenig später, im gleichen Jahr, wurde die seit 1901 bestehende Stelle eines „Inspektors für die archäologische Erforschung Wiens" aufgelassen. Damit waren zwei für die Entwicklung und Arbeit des Römischen Museums verhängnisvolle Entscheidungen getroffen worden. Mit dem Gemeinderatsausschuß verlor das Museum jenes Organ, welches seine Interessen in der Gemeindeverwaltung am wirksamsten vertreten konnte, und mit dem Inspektor den Praktiker im Gelände. Obwohl die Bautätigkeit unmittelbar nach dem Krieg sehr gering war, machte sich doch das Fehlen einer in Geländearbeiten erfahrenen und ausschließlich damit betrauten Person bemerkbar. Der Leiter des „Museum Vindobonense" der Stadt Wien vermochte neben der wissenschaftlichen Arbeit und der Verwaltungstätigkeit nicht auch zugleich den Aufgaben eines Grabungstechnikers im erforderlichen Ausmaß gerecht zu werden.

Trotz der Erweiterung des Museums im Jahre 1912 war dessen Raumbedarf bei weitem nicht gedeckt. Erst 1922 gelang es, den gesamten Bau der Mädchenvolksschule in Wien 4, Rainergasse 13, für das Museum freizubekommen. 1923 wurde die Neuaufstellung in die Wege geleitet. Nach einjähriger Schließung erfolgte am 21. November 1924 die Wiedereröffnung als „Römisches Museum der Stadt Wien". Neu an dieser Aufstellung war unter anderem, daß neben einer römischen Abteilung erstmals eine urgeschichtliche zu sehen war.

Mit der Errichtung einer Lehrkanzel für Urgeschichte an der Universität Wien durch Moritz Hoernes erhielten die bereits Ende des 19. Jhdts. einsetzenden urgeschichtlichen Forschungen einen bedeutenden Auftrieb. Und so vermochte Oswald Menghin 1923 seine Monographie der Urgeschichte Wiens zusammen mit seinem Schüler Viktor Wanschura zu schreiben [50]. Sie, die alle bisherigen Funde und Beobachtungen zusammenfaßte, erwies sich als ebenso grundlegend und richtungweisend für die spätere Forschung wie Kubitscheks Arbeit über Vindobona. Die vorrömische Besiedlung des Wiener Stadtgebietes konnte bis in neolithische Zeit samt ihren Hauptsiedlungszonen — die Donau, das Wiental und die Randberge im Westen — aufgezeigt werden. Ein Fundverzeichnis und ein Bilderatlas schlossen Fehldatierungen der Art aus, wie sie zum Beispiel in der Abhandlung von Mattäus Much über die Urzeit Wiens im ersten Band (1897) der vom Altertumsvereine herausgegebenen „Geschichte der Stadt Wien" vorkommen [51].

Die Neuaufstellung der urgeschichtlichen Abteilung im Römischen Museum der Stadt Wien, die Viktor Wanschura, der dem Museum im Jahre 1923 zugeteilte Experte für die Urgeschichte, eingerichtet hatte, zeigte auch die Funde von der Grabung auf dem Gemeindeberg in Ober-St. Veit (1924). Ihre Durchführung war ein Gemeinschaftswerk des Museums mit der prähistorischen Abteilung des Naturhistorischen Museums in Wien unter der Leitung von Josef Bayer, der ein Jahr zuvor im Bereich der Antonshöhe in Mauer ein Hornsteinbergwerk [52] der donauländischen Kultur erschlossen hatte. Damit war ein verheißungsvoller Auftakt zu Plangrabungen gegeben, zu denen es aber nur selten kam, weil, wie bereits gezeigt, für das Römische Museum der Stadt Wien nach dem Krieg eine völlig neue Situation entstanden war.

Das Jahr 1923 war aber auch für die Erforschung der römischen Vergangenheit des Stadtgebietes von Bedeutung. Damals erschien in den „Mitteilungen des Vereines für Geschichte der Stadt Wien", IV (1923) 5ff., die Arbeit von Eduard Nowotny „Das römische Wien und sein Fortleben". Nowotny nahm unter dem Eindruck des damaligen Standes der Limesforschung und vor allem auf Grund verschiedener Differenzen in den Dimensionen des Legionslagers aus Stein ein diesem vorangehendes, älteres Legionslager aus Holz und Erde um 50 n. Chr. an. Auch die besonders seit A. Dopsch, „Wirtschaftliche und soziale Grundlagen der europäischen Kulturentwicklung von Cäsar bis Karl dem Großen", Wien 1923, in den Vordergrund des Interesses gerückte Frage nach der Kontinuität der Besiedlung wurde behandelt und im Sinne Dopschs, doch im Gegensatz zu H. Voltelini: „Die Anfänge der Stadt Wien", Wien 1913, 16f., und: „Nochmals die Anfänge der Stadt Wien", in: „Mitteilungen des Vereines für Geschichte der Stadt Wien", I (1919/20), 9ff., beantwortet. Vor allem auf Grund sehr spärlicher Erhaltungsspuren des Lagergrundrisses nahm Nowotny an, daß das mittelalterliche Wien ohne nennenswerte Störung aus dem römischen hervorgegangen sei.

Die Frage nach einem dem Legionslager vorausgehenden, älteren Lager ist nicht neu[53]. Schon Ende des 18. Jhdts. vermutete Freiherr von Prandau einen Wachturm auf dem Plateau um den Hohen Markt, dem später ein kleines Kastell gefolgt sein soll. Das Legionslager hingegen suchte er beim Oberen Belvedere. Diese Hypothese wurde von Franz Ritter von Hauslab und Albert Camesina, Ritter von San Vittore, wieder aufgegriffen, nachdem Kenner auf dem Plateau um den Hohen Markt ein in claudischer Zeit errichtetes und unter Vespasian erweitertes Lager gefunden zu haben glaubte. Die Annahme — das Lager am Oberen Belvedere, das nicht als Standlager betrachtet wurde, sollte Ende des 3. Jhdts. aufgelassen worden sein — stützte sich besonders auf strategische Überlegungen und auf die bauliche Entwicklung Wiens vom Mittelalter an. Wenn auch allgemeine militärische Gründe für die Sicherung des Wiener Tores gleichzeitig mit oder kurz nach der Anlage des Lagers von Carnuntum beim Thebener Tor sprechen, so gab es dafür doch keine ausreichenden archäologischen Zeugnisse. Aus den gefundenen Ziegeln mit Stempeln der 15. Legion ließen sich keine Schlüsse ziehen, aus welcher Zeit der Anwesenheit dieser Legion in Carnuntum sie stammten. Das seit dem 18. Jhdt. bekannte Grabsteinfragment des C. Atius (Abb. 1) von der 15. Legion allein schien zu wenig beweiskräftig, und das 1913 Am Hof 4 gefundene Bronzetafelfragment (Abb. 2) aus der Zeit Galbas wurde ebenso auf das Legionslager bezogen[54] wie die beiden beim Bau der Stallburg 1559 gefundenen Grabsteine des T. Flavius Barbus und des T. Flavius Verecundus der *ala I milliaria Britannica* sowie der 1901 in der Habsburgergasse 9 zum Vorschein gekommene Grabstein des T. Flavius Draccus (Abb. 4) von derselben Truppe[55]. Diese Bezugnahme wurde durch die Meinung Nowotnys unterstrichen, der sich, wie erwähnt, für die Existenz eines größeren Legionslagers aus Erde und Holz ausgesprochen hatte. Nowotny nahm an, daß nicht nur Abteilungen der 15. Legion, sondern auch die *ala I milliaria Britannica* am Bau dieses Lagers mitwirkten und letztere dann, gemeinsam mit der Legion, im neuen Lager verblieb. Erst durch die Arbeiten Polascheks über „Die Tabula Peutingeriana und das Itinerarium Antonini als geographische Quelle für Niederösterreich", in: „Jahrbuch für Landeskunde von Niederösterreich" (1928) sowie über „Die römische Vergangenheit Wiens" in den „Mitteilungen des Vereines für Geschichte der Stadt Wien" XV (1935), 1 ff. konnte bewiesen werden, daß Nowotnys Berechnungen der Lagerdimensionen falsch waren, daß nur ein Legionslager aus Stein existiert hatte (um 100) und daß die *ala I milliaria Britannica* unter Domitian und Nerva in einem Lager allein untergebracht war [56].

Bezüglich dieser *ala* wies Polaschek auch auf die Übereinstimmung der Entfernung der beiden im Bereich der Klimsch- und Hohlweggasse aufgedeckten Spitzgräben (283 bis 285 Meter) mit den Längsdimensionen domitianischer Reiterkastelle in Heddernheim und Heidenheim hin. Er zeigte ferner, daß im Gebiet des Legionslagers für eine *ala* von 1000 Mann, zusammen mit einer Legion, kein Platz war und daß die *ala I milliaria Britannica* nicht vor der Zeit des Kaisers Domitian (81—96) in den Wiener Raum gekommen sein kann. Den Beinamen „Flavia Domitiana" in Verbindung mit der Bezeichnung *civium Romanorum* auf einem der Grabsteine konnte sie frühestens in den Donaukriegen Domitians der Jahre 86 und 92/93 erworben haben. Von den Grabsteinen fallen jene, die die *ala* bloß als „Flavia Augusta" bezeichnen, offenbar schon in die Zeit des Kaisers Nerva (96—98) [57]. Für das Legionslager ergibt sich daher mit dem Jahre 98 ein terminus post quem. Und da die 13. Legion, nach den Inschriften zu schließen, mit dem Bau des Legionslagers Vindobona wohl begann, jedoch spätestens 107 dem Verband des römischen Heeres in Dazien angehört haben muß, ist mit dem Jahr 107 der terminus ante quem gegeben. Da die Bauziegel der 13. Legion im Stempel außer der Legion auch *centuriones* nennen und einer davon, Cammius Secundus, durch die Inschrift CIL III 5328 für das Jahr 150 als Procurator der Provinz Noricum bezeugt ist, also ritterlicher Herkunft war, muß dieser um 100 als *centurio* in den Verband der Legion eingetreten sein. Die *ala I milliaria Britannica* kam also, nach Polaschek, in domitianischer Zeit nach Vindobona, hatte zunächst ein Lager im Gebiet der Klimsch- und Hohlweggasse inne und bezog kurz darauf im Verlauf einer Umgruppierung ein Lager auf dem Plateau um den Hohen Markt. Das Lager im 3. Bezirk wurde aufgelassen und statt dessen ein neues in Schwechat, Ala Nova, errichtet. Die auffallende Tatsache, daß dieses für eine *ala quingenaria* berechnet war, führte Polaschek 1927 [58] auf die *ala Sulpicia* zurück, die er mit dem erwähnten Bronzetafelfragment aus der Zeit des Kaisers Galba in Verbindung brachte. Das bedeutet, daß vor der Ankunft der *ala I milliaria Britannica* im Bereich des Plateaus um den Hohen Markt bereits ein Hilfstruppenlager für eine *ala quingenaria* existiert haben müßte. Diese Überlegung ließ Polaschek jedoch offenbar bald fallen; zumindest kehrt sie in keiner der beiden genannten Arbeiten aus den Jahren 1928 und 1935 wieder. Aus dem Fundort der Wiener Grabsteine der britannischen *ala* und aus einem nahe dem Lichtensteg unter dem Hohen Markt befindlichen wuchtigen Mauerstück schloß Polaschek auf die Existenz des Alenlagers im Bereich Tuchlauben—Graben—Kramergasse—Hoher Markt. Wie die Auffassung Nowotnys von der Existenz eines um das Jahr 50 angelegten Legionslagers aus Erde und Holz, lehnte Polaschek auch die Annahme von der Kontinuität der Besiedlung [59] mangels ausreichender Beweise ab.

Bedeutsam war ferner das Jahr 1937, in dem es gelang, den Verlauf der *via principalis* in der Wipplingerstraße und Landskrongasse festzustellen [60]. Von dieser Straße waren in der Wipplingerstraße 10, 14, 16, 19 und Kreuzung Schultergasse 2—Tuchlauben 28 in den Jahren 1900, 1902 und 1903 Säulenbasen *in situ*, Teile eines Kanals mit vier Nebenkanälen sowie Straßenstücke zum Vorschein gekommen, ohne daß deren Zugehörigkeit zur *via principalis* ersichtlich wurde, deren Verlauf der Zug Wipplingerstraße—Hoher Markt—Lichtensteg zu bestimmen schien. Ein buntes Glasmosaik an der Front des 1936 gebauten Hauses Rotgasse 2, welches an die *porta dextra* des Lagers erinnern soll, bringt diese Auffassung noch heute sichtbar zum Ausdruck. Im Jahre 1937 wurden nahe der Einmündung der Füttterergasse in die Wipplingerstraße, aber noch im Bereich der letzteren, zwei Säulenbasen, und zwar eine ältere und eine darübergesetzte, jüngere, und, unweit davon, ein Säulenkapitell freigelegt. Polaschek gelang es, nicht nur diese Funde, sondern auch die früher genannten als Teile der beiderseits von Säulenhallen eingefaßten *via principalis* zu erweisen. Da der so gewonnene *cardo maximus* parallel zur Decumanafront liegt, wurde der zur *via principalis* senkrechte Verlauf der *via decumana*, deren Ausgangspunkt mit der *porta decumana* gegeben war, wahrscheinlich. Mit anderen Worten: das Lagerachsenkreuz bildete einen rechten Winkel. Damit war die Möglichkeit gegeben, sich mit der Frage nach der Einteilung des Lagers zu befassen und die Zugehörigkeit eines Teils der bisher festgestellten Baureste innerhalb desselben zu bestimmen. Das Ergebnis dieser Bemühungen legte Polaschek in seinem Beitrag „Die Kunst der Römerzeit in Wien" (in K. Donin, GBKW 112) vor. Demnach war die Retentura beiderseits der *via decumana* von Reiter-

und Infanteriekasernen belegt. Zwischen dem Südwestrand der *via principalis* und der Kleeblattgasse dehnten sich die *principia*, das Legionskommando, und, hinter ihm, zwischen Steindl- und Kleeblattgasse, das *praetorium*, der sogenannte Legatenpalast aus. Links und rechts von diesen Bauten, an der *via sagularis*, und zwar vom Südwestrand der *via principalis* gesehen, erstreckten sich Kasernen. In unmittelbarer Umgebung der beiden Zentralbauten vermutete Polaschek das *valetudinarium*, das Spital, und die *fabrica*, das Arsenal. Unter Zugrundelegung dieser Raumeinteilung zählen zum Legatenpalast die Ecke Tuchlauben 13—Kleeblattgasse, 1912/13 aufgedeckten Mauerzüge sowie der Steindlgasse 6—Kurrentgasse 2 im Jahre 1916 gefundene Kanal. Auf die Kasernen beiderseits der *via decumana* gehen jene Baureste zurück, die zwischen den Häusern Am Hof 5 und 6 (1909), Goldschmiedgasse—Graben 29/30 (1911), Seitzergasse 6—Steindlgasse 1—Tuchlauben 7 (1912), Am Hof 14 (1913/14) und in dem Bereich Seitzergasse—Bognergasse (1915) aufgedeckt wurden. Die entlang des Lagerwalles verlaufende *via sagularis* wurde durch ein vor dem Haus Am Hof 5 gefundenes Straßenstück und durch mehrere Teile ihres Hauptkanals erkennbar, die in den Jahren von 1886 bis 1913 zum Vorschein kamen. Fraglich blieb die Zuteilung der 1899 bis 1906 freigelegten Ruinen im Raum Bauernmarkt—Brandstätte—Tuchlauben und am Wildpretmarkt 1. Was die Praetentura betrifft, so ließ sich in Hinblick auf ihre unregelmäßige Gestalt lediglich das *scamnum tribunorum* am Nordostrand der *via principalis* lokalisieren. Dafür sprechen die beiden 1493 an der Westseite aufgefundenen Votivaltäre des Tribunen T. Flavius Quirinalis Maximus und die in der Wipplingerstraße 12 in den Jahren 1901 und 1937 aufgedeckten Baureste.

Mit der Feststellung des Verlaufes der *via principalis* im Jahre 1937 und mit der dadurch bedingten Lage der *porta dextra* an der Kreuzung Kramergasse—Ertlgasse war auch der bisher angenommene Verlauf der Limesstraße von diesem Tor aus in südöstlicher Richtung zwischen Bäckerstraße und Sonnenfelsgasse hinfällig geworden [61]. Wahrscheinlicher war nun ihr Beginn im Bereich der Wollzeile. Die Kenntnis des Verkehrsnetzes erfuhr eine Bereicherung durch zwei Straßenstücke der Munizipalstraße, die in der Augustinerstraße und Führichgasse 1935 aufgedeckt wurden, ferner durch einen Weg, der 1937 in der Alser Straße vor den Häusern 25—31 zum Vorschein kam [62]. Für das sich vom Lager bis zum Ring und teilweise darüber hinaus erstreckende Gräberfeld ergaben sich neue Belege [63] in der Plankengasse 3 (1914), Krugerstraße (1915), Neuer Markt 5 (1928), Spiegelgasse 11—13 (1933) und am Ballhausplatz sowie auf der Seilerstätte (1937). In der Spiegelgasse wurden 1933 auch zwei Töpferöfen aufgedeckt[64], weitere kamen in der Zivilstadt zum Vorschein[65] (1932 in der Oberen Bahngasse 4, 6, 8—Gerlgasse 9, 11, 13 und 1940 in der Ungargasse 69). Damit erhöhte sich die Zahl der Töpferöfen im Bereich des Lagers auf vier, in dem der Zivilstadt auf sieben.

Die Arbeit „Neue Römersteine des ager Carnuntinus“ von Polaschek und A. Serascin (1937) brachte weitere Erkenntnisse über den Landbezirk. Polaschek konnte besonders unter Hinweis auf den in der Kirche von Muthmannsdorf eingemauerten Grabstein des M. Ulpius Verus, eines Gemeinderatsangehörigen von Carnuntum, wahrscheinlich machen, daß Vindobona, bevor es *municipium* wurde, bloß ein *vicus* des Landbezirkes von Carnuntum war. Auch die Inschrift CIL III 4567, derzufolge der Carnuntiner Gemeinderat C. Iulius Magnus dem Kommandanten der 10. Legion, P. Claudius Pallas Honoratus Repentinus, eine Ehrenstatue widmete, scheint hiefür zu sprechen. Anderseits lassen die Grabsteine eines Beamten von Carnuntum in Sommerein und der Angehörigen eines Vertreters von Scarabantia aus Neusiedl am See unter Berücksichtigung des Meilensteinbruchstückes aus Oslipp, das noch *ab Karnunto* zählt, auf die Grenze des Landbezirkes von Carnuntum und damit des späteren von Vindobona bei der Ödenburger Pforte schließen.

Das Verkehrsnetz[66] wurde durch vier weitere Teile der Limesstraße, und zwar Simmeringer Hauptstraße 251 (1933) und an drei Stellen zwischen den Häusern 109 und 111 sowie vor den Häusern 119 und 127 (1938) ergänzt. Die Wasserleitung[67] kam 1921 in der Rosenhügelstraße, 1924 in Liesing, Breitenfurter Straße 84, und in Rodaun, 1926 in der Rosenhügelstraße 88, 1927 in der Pacassistraße 3 und 1928 nochmals in dieser Straße zum Vorschein. Dadurch wurde einerseits ihr bisher bekannter Verlauf bestätigt, doch zeigten die Fundstellen Rodaun und Liesing, Breitenfurter Straße 84, daß die Wasserleitung, von Rodaun kommend, eine Westostschleife bis zum Brauhaus in Liesing machte.

Das Jahr 1938 brachte einen starken Auftrieb der urgeschichtlichen und völkerwanderungszeitlichen Studien. 1939 wurde im Museum die Ausstellung „Wien im nordischen Lebensraum“ gezeigt. Jener Teil, der die Völkerwanderungszeit zum Gegenstand hatte, wurde dem Römischen Museum der Stadt Wien als 3. Abteilung eingegliedert[68]. In ihr waren Objekte vereinigt, die man schon in früheren Jahren gefunden hatte[69]: gotisch-alanische aus dem Zentralfriedhof, Gruppe 150 (1921, 1930), langobardische vom Mariahilfer Gürtel zwischen Kurz- und Mittelgasse (1897/98) und awarische aus der Jakobergasse 3 (1910), Stumpergasse 7 (1902), Simmeringer Hauptstraße 71—Kopalgasse (1928), Hervicusgasse

(1912), Spohrstraße (1860, 1910) und Diesterweggasse—Penzinger Straße (1929).

Die Betreuung der Urgeschichtlichen Abteilung des Museums übernahm 1938 Richard Pittioni und 1939 Otto Seewald, der die erwähnte Ausstellung eingerichtet hatte. Seit 1924 hatten sich die Bestände dieser Abteilung beachtlich vergrößert. Der Grabung auf dem Gemeindeberg folgte 1925 eine weitere, gleichfalls von J. Bayer geleitete, in der Leopoldau, die zur Freilegung einer sogenannten „Illyrischen Fischersiedlung" führte[70]. Im Jahre 1926 kam es zur teilweisen Ausgrabung von zwei keltischen Töpferöfen (Engelsberggasse—Riesgasse 4), 1935[71] wurde beim Bau der Höhenstraße auf dem Leopoldsberg ein Gräberfeld der Jüngeren Urnenfelderzeit angeschnitten[72], 1936 das schon seit 1924 bekannte aus der Älteren Urnenfelderzeit freigelegt (Mühlsangergasse)[73]. Im Jahre 1939 wurde auf dem Flugfeld in Aspern eine Siedlung der Bronzezeitstufe C teilweise ausgegraben[74], 1940 ein Gräberfeld der mittleren Latènezeit in Siebenhirten, Theresienau[75], 1940/41 in Vösendorf Siedlungen aus der Jungsteinzeit, Älteren Urnenfelder- und Latènezeit und ein Gräberfeld der Älteren Urnenfelderzeit[76]. In Guntramsdorf, einem schon seit 1891 bekannten urgeschichtlichen Fundort — seine Besiedlung reicht bis in die Jungsteinzeit zurück —, wurde 1941 im Bereich des Eichkogels (Holzwebersiedlung) ein weiteres Grab des dort 1893 festgestellten Gräberfeldes der mittleren Latènezeit freigelegt[77]. Mit vielen anderen Funden zusammen zeigte sich, daß der Bereich des Wiener Stadtgebietes und der außerhalb desselben gelegene, aber sicher zum Landbezirk von Vindobona gehörende, schon seit der Jungsteinzeit verhältnismäßig dicht besiedelt gewesen sein müssen.

Der Stand der ur- und frühgeschichtlichen Forschung wurde in drei Beiträgen zu dem 1944 erschienenen Buch K. Donin, GBKW, von Seewald, Polaschek und Ed. Beninger unter besonderer Berücksichtigung der Kunstgeschichte kurz zusammengefaßt. Ein Jahr später kam es zur Zerstörung des Römischen Museums der Stadt Wien durch Bombeneinwirkung, und die Verhältnisse unmittelbar nach dem Krieg brachten die Forschungsarbeit völlig zum Stillstand.

Damals wurde der Verfasser nach dem Ausscheiden von Polaschek und Seewald (1946) mit der Leitung des Museums betraut. Obwohl die Sicherstellung der Objekte, ihre Aufstellung in einem anderen Gebäude — die Wiederinstandsetzung des alten, baufälligen Hauses kam nicht in Frage — und die Wiederaufnahme der Restaurierungsarbeiten die dringlichsten Aufgaben darstellten, gelang es doch, die Aufbauarbeiten zur Beseitigung der Kriegsschäden auch für

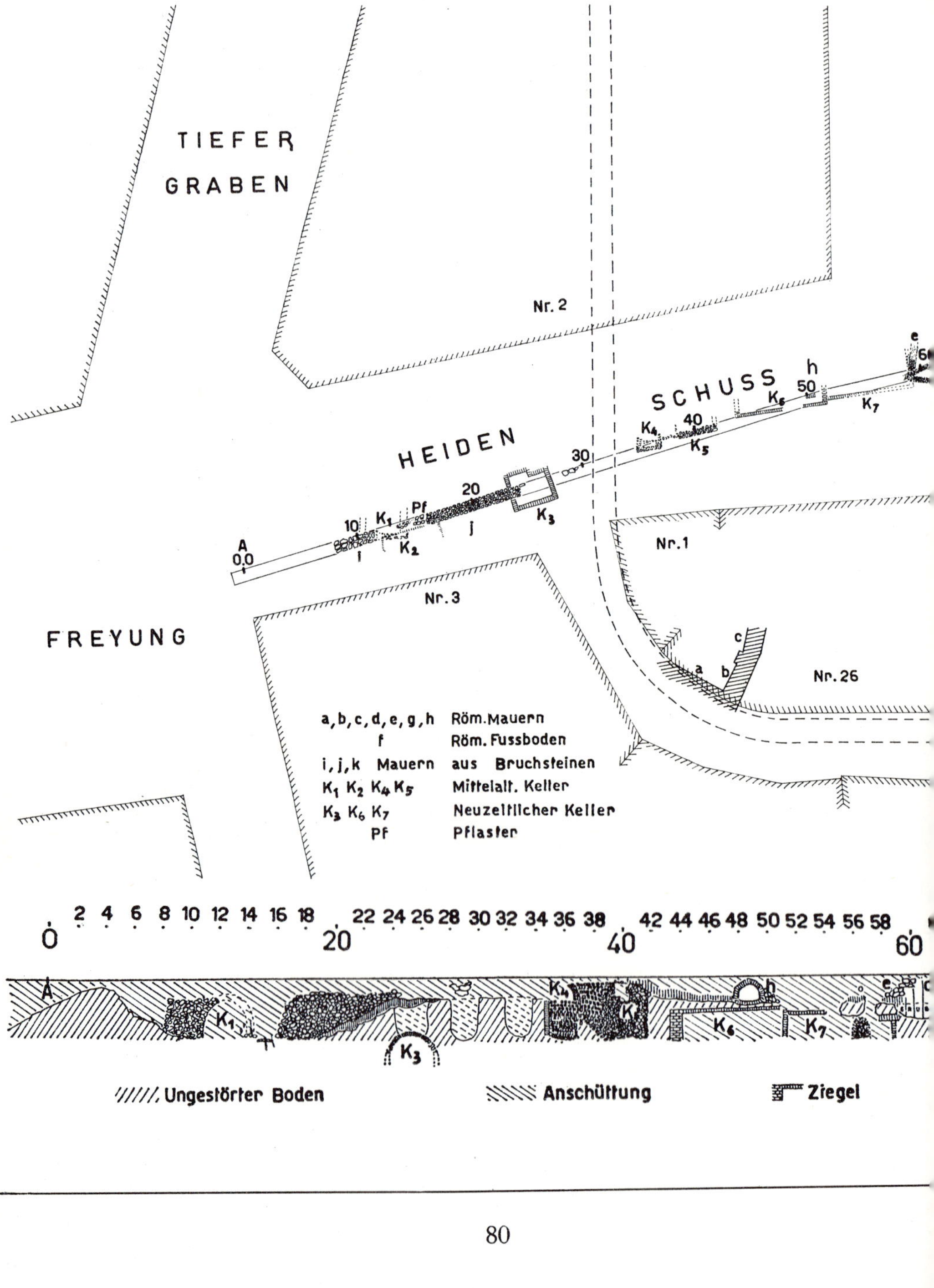
TIEFER GRABEN
HEIDEN SCHUSS
FREYUNG
Nr. 2
Nr. 1
Nr. 3
Nr. 26
A 0,0
10
20
30
40
50
K1 K2 K3 K4 K5 K6 K7
Pf
i
j
a
b
c
e
h
a, b, c, d, e, g, h Röm. Mauern
f Röm. Fussboden
i, j, k Mauern aus Bruchsteinen
K1 K2 K4 K5 Mittelalt. Keller
K3 K6 K7 Neuzeitlicher Keller
Pf Pflaster
0 2 4 6 8 10 12 14 16 18 20 22 24 26 28 30 32 34 36 38 40 42 44 46 48 50 52 54 56 58 60
Ungestörter Boden
Anschüttung
Ziegel

57. Tiefer Graben—Heidenschuß—Am Hof—Irisgasse. Grundriß der Kanalgrabung

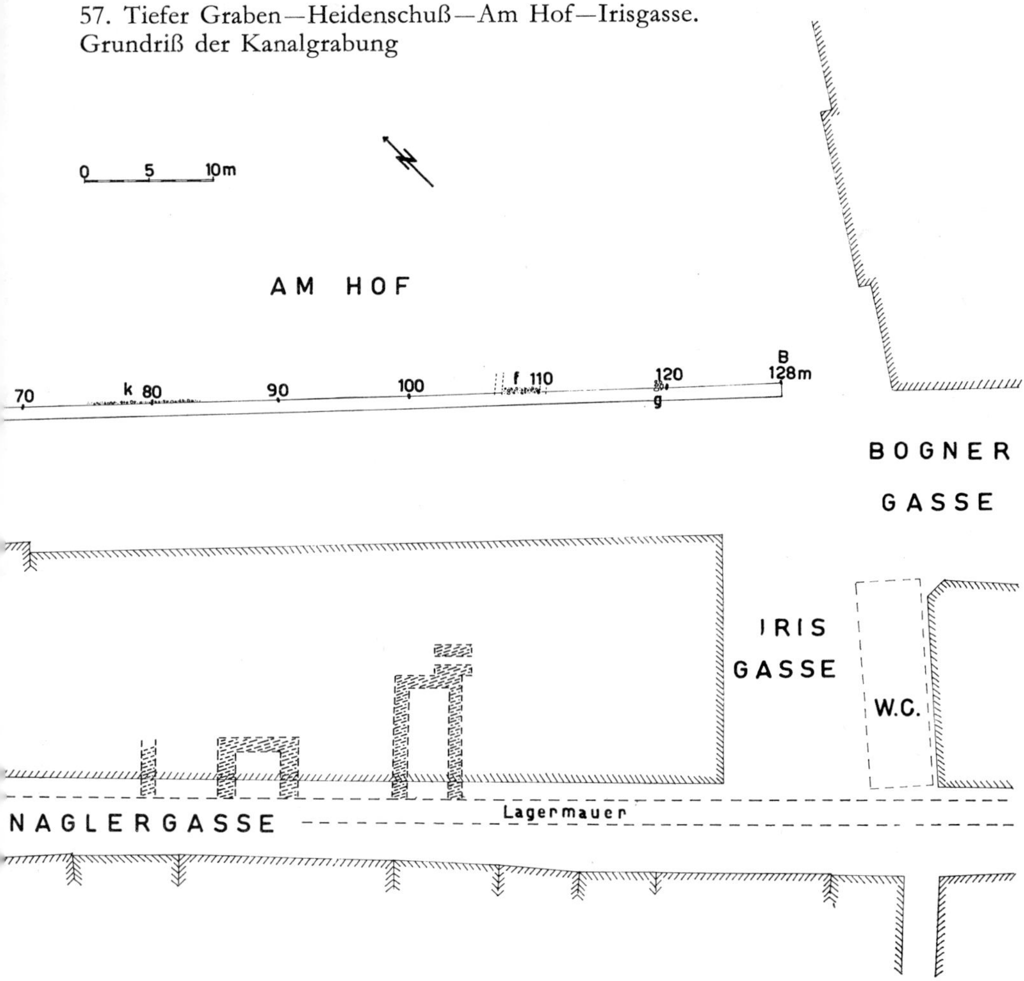

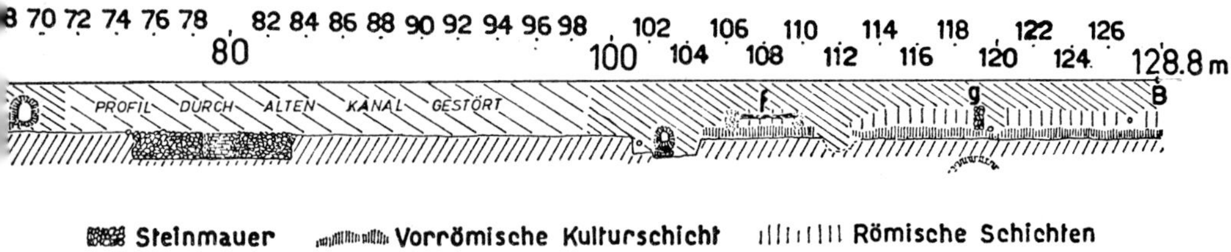

58. Profil der Kanalgrabung

die Forschung zu nützen. Durch einen glücklichen Zufall wurde eine ausreichende Anzahl von freiwilligen Helfern aus dem Personal des Historischen Museums der Stadt Wien sowie ein Grabungstechniker und Restaurator gewonnen. Mit ihrer Hilfe gelang es, die Vindobonaforschung wiederaufzunehmen und ein beachtliches Stück weiterzubringen.

Im Lagerbereich wurde die Lagermauer am Heidenschuß (1948; Abb. 57, 58) und Am Hof 9 (1953; Abb. 59a, b) aufgedeckt bzw. ausgegraben[78]. Dabei zeigte sich, daß das am Heidenschuß befindliche Stück mit den sechs Am Hof 9 freigelegten und mit einem Mauerstück des Südwestturmes der *porta principalis sinistra* in einer Flucht liegen, also daß eine zweite Lagermauer bestand, wodurch der genannte Turm eine vor diese vorgezogene Stellung erhielt. Da solche Türme für jene Zeit, als der Defensivgedanke zusehends an Boden gewann, charakteristisch sind, anderseits jedoch eine noch spätere Veränderung dieser Mauer gegeben ist, so erscheint ihre Führung mit vorgezogenem Turm für die Zeit unmittelbar nach den Markomannenkriegen zu sprechen. Die um 100 gebaute Lagermauer dürfte offenbar bei der ersten Zerstörung des Lagers (um 170) in Mitleidenschaft gezogen worden sein. Die zweite Lagermauer wurde, wie das Profil eines der erwähnten sechs Stücke (Abb. 59a) beweist, bis auf die untersten Scharen abgetragen und darauf ein dachförmiger Aufsatz gesetzt, der den obersten Teil des gemauerten Hanges zum Tiefen Graben bildete. Diese Veränderung dürfte offenbar mit der durch die „Notitia Dignitatum“ bezeugten Verlegung der in Carnuntum stationierten Donauflottille nach Vindobona (Ende des 4. Jhdts.) zusammenhängen. Das heißt, es scheint sich hier um eine Schiffslände zu handeln. Die Grabung in der Seitenstettengasse 5 (1956) zeigte, daß dort, wo sich nach Polaschek eine spätantike oder frühmittelalterliche Mauer mit der Lagermauer treffen sollte (nämlich im Hof des erwähnten Hauses), überhaupt keine römischen Mauern gestanden haben können. Außer der Lagermauer selbst wurden 1948 in den Kellerräumen Naglergasse 26 bzw. Am Hof 1 Fundamente des südwestlichen Lagereckturmes (Abb. 57) entdeckt und Am Hof 9 (Abb. 59a) Reste eines Zwischenturmes ausgegraben (1953). Das Ruinenbild der Retentura erfuhr 1948 im Raum Heidenschuß—Irisgasse durch weitere Baureste des dort befindlichen Kasernentraktes (Abb. 57, 58) und Am Hof 9 (1953) durch eine rund 37,5 Meter lange Strecke des unter der *via sagularis* verlaufenden Kanals und eines Stückes dieser Straße (Abb. 59a) eine Bereicherung[79].

In der Praetentura führten die Grabungen auf dem Hohen Markt 3 (1948/49, 1959, 1961) und Camesinagasse—Hoher Markt 4 (1949)

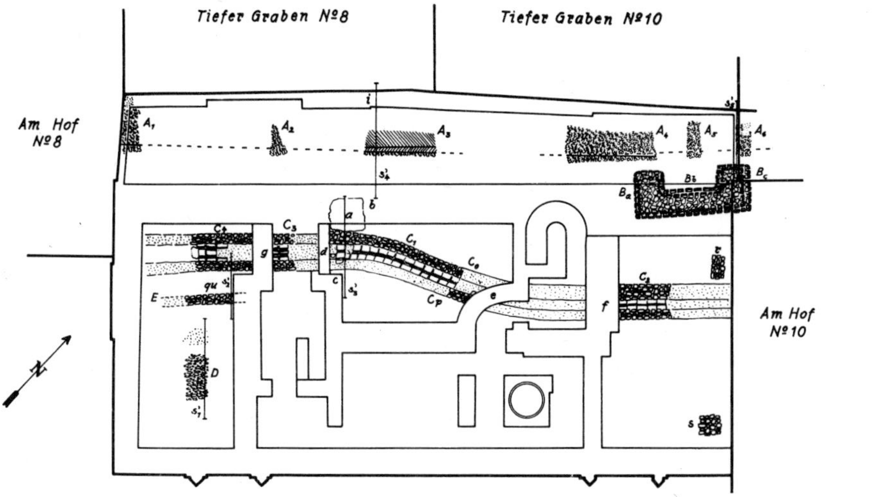

C_1 – C_4 Teilstrecken des römischen Kanals, A_1–A_6 Teile der Böschung, B_a – B_c Römischer Turm, E Skelett, C_o, C_p Römische Kanalmauern, qu, r, s Undatierte Mauern, a-g, i Neuzeitliche Mauern, D Römische Straße, s'_1 - s'_5 Schnittlinien. 0 5 10m

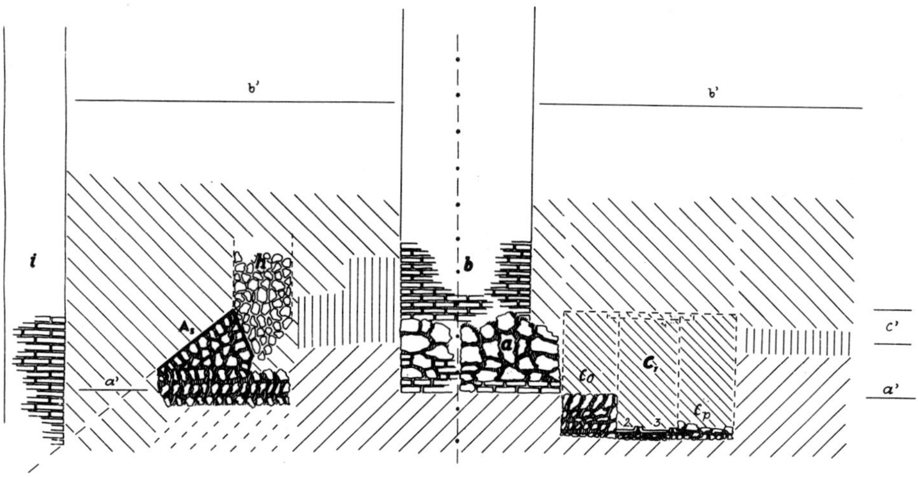

Gestörte Schichten, Vorröm. Schichte, Ausgebrochener Kanal, Lehm, a' Niveau der Ausschachtung, b' Oberfläche bis 1954, **h** mittelalterliche, **a, b, i** neuzeitliche Mauern, 0 1 2m c' Lage der römischen Straße, **C_1** Teil des römischen Kanals, **A_3** Teil der Böschung.

59a, b. Grundriß des zerbombten Hauses Am Hof 9 mit den römischen und späteren Bauresten (a); Schnitt S'_3, S'_4 (b)

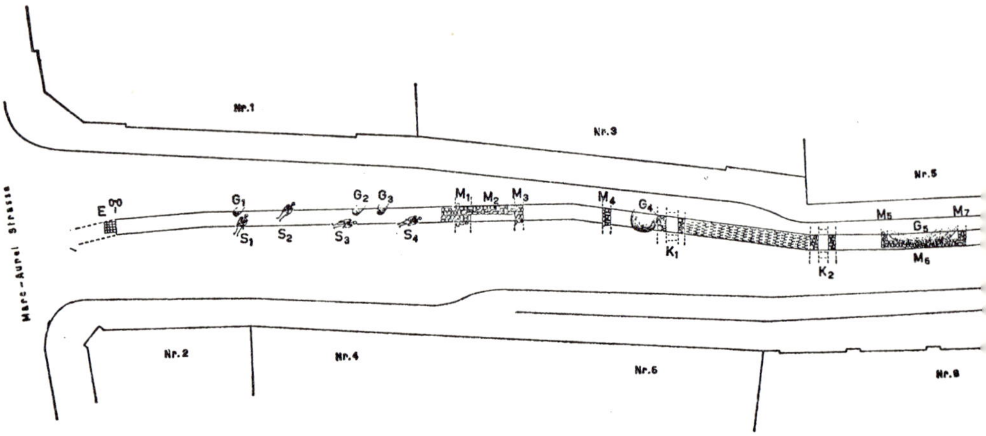

60. Salvatorgasse—Stoß im Himmel. Grundriß der Kanalausschachtung

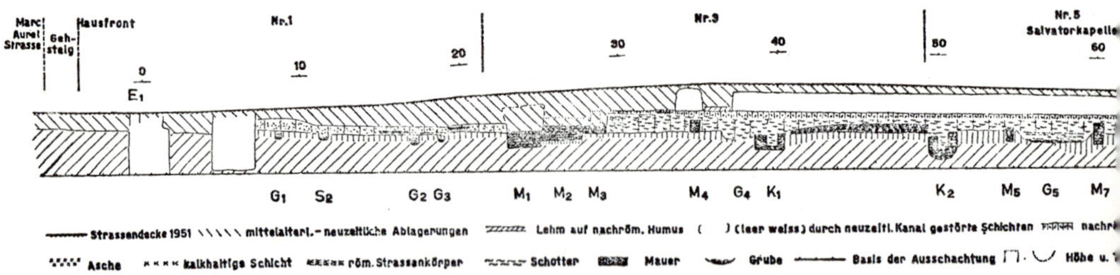

61. Profil der Kanalausschachtung

zur Freilegung von Bauresten (Abb. 38) zweier Stabsoffiziersquartiere [80]. Da ihre Außenmauern fast zur Gänze gegeben waren, konnte das *scamnum tribunorum* nach Nordosten zu abgegrenzt werden (siehe Nachsatzblatt). Dazu kam, daß sich ein am Lichtensteg befindliches Stück einer angeblichen Mauer, die Polaschek als möglichen Teil der Nordostbegrenzung des Alenlagers betrachtete, als zu einem Kanal gehörend erwies. Die Größe beider Häuser ließ sich mit 40×40 Meter bestimmen. Ferner konnten drei Bauperioden

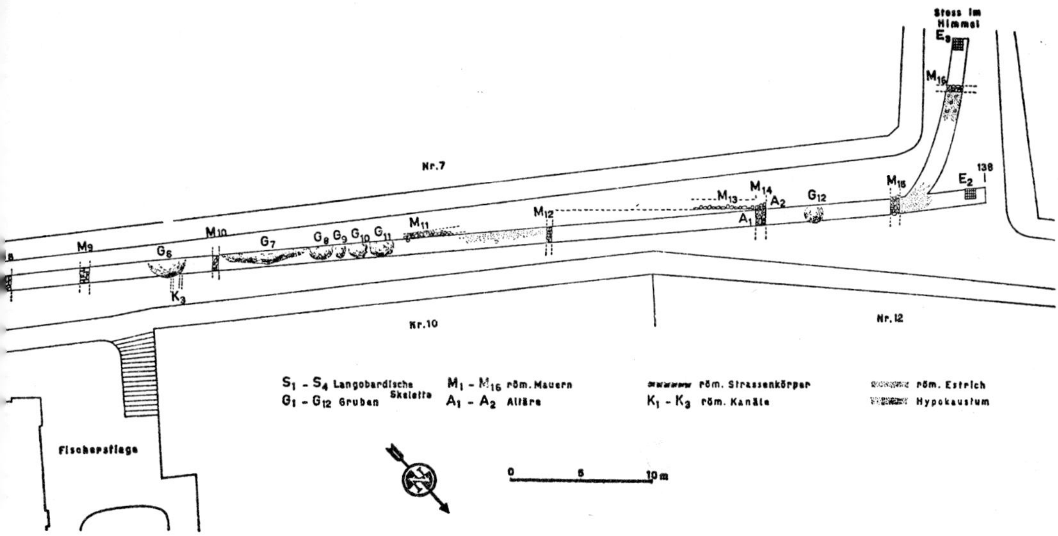

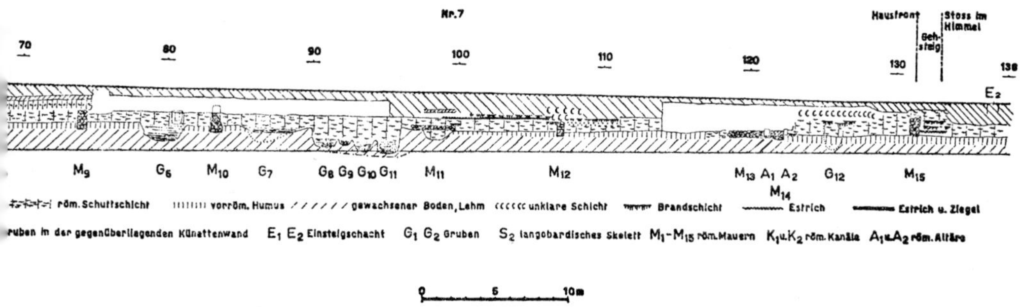

festgestellt werden: die um 100 errichteten Häuser wurden etwa 170 beim Einfall der Markomannen und Quaden zerstört und dann — in anderer Gestaltung — wieder aufgebaut. In der ersten Hälfte des 3. Jhdts. wurde der verhältnismäßig große Hof durch neue Kammern stark verkleinert. Diese Cäsur stellte Polaschek schon beim Bau der Bedürfnisanstalt am Hohen Markt (1926), ferner am Bauernmarkt 20 (1913), am Hohen Markt 10, 11 (1913, 1914) und in der Wipplingerstraße (1937) fest [81]. Sie ergab sich ferner Salvatorgasse—Stoß im Himmel (1951), am Hohen Markt 8, 9 (1956/57) und in der Sterngasse 5, 7 (1962) [82]. Um 170 wurde das Lager offenbar zerstört und dann, über dem planierten Schutthaufen, ein zweites errichtet.

Die Zerstörung dieses Lagers um das Jahr 400 bestätigen mehrere Münzen aus der obersten, unberührten Brandschichte. Von Bedeutung war ferner, daß beim Wiederaufbau des Hauses am Hohen Markt 2 (1954) ein frühchristlicher Grabstein (Abb. 49) aus dem Ende des 4. Jhdts. gefunden wurde [83]. Die Aufgrabung Salvatorgasse—Stoß im Himmel (1951) [84] brachte den Straßenbelag der *via praetoria* und die unter ihr verlaufenden beiden Kanäle zum Vorschein (Abb. 60, 61). Die linker Hand von ihr befindlichen Baureste konnten als zum Lagerspital zugehörig, die rechter Hand gelegenen als Teile des Lagerbades erwiesen werden. Letzteres wurde auch durch die Aufgrabung am Hohen Markt 8, 9 (1956/57, Abb. 62) und Sterngasse 5, 7 (1962) bestätigt [85]. In der Judengasse 5, 7 kamen 1949

62. Hoher Markt, Lagerbad. Sitzbank mit Wandheizung und zugehöriger Mauer

und 1951 weitere Reste des dort befindlichen Kasernentraktes zum Vorschein [86].

Im Lagerterritorium wurde die Lage der Lagervorstadt, der *canabae*, im Bereich der Schottengasse und ihrer weiteren Umgebung zur Gewißheit [87]. Beim Umbau der Schottentorkreuzung (1959/60) konnten die schon von Kenner im Votivkirchenpark (bei der Kreuzung Währinger Straße mit der verlängert gedachten Maria Theresien-Straße) festgestellten Baureste als mindestens zu zwei Häusern gehörend erkannt werden. In der Schottengasse (zwischen 3a und 7) kamen 1950 die Reste eines dritten Hauses und Ecke Schottengasse 4 — Helferstorferstraße 1 die eines vierten zum Vorschein (1950/51, 1960).

Im Jahre 1948 wurde im Votivkirchenpark ein Grab (Abb. 63) ausgegraben [88], welches durch seine Lage anzeigte, daß das hier befindliche Gräberfeld nicht nur von der Limesstraße, sondern auch von der nahe gelegenen Verkehrsader im Zuge der heutigen Alser-

63. Votivkirchenpark. Skelett aus dem 1948 freigelegten Grab

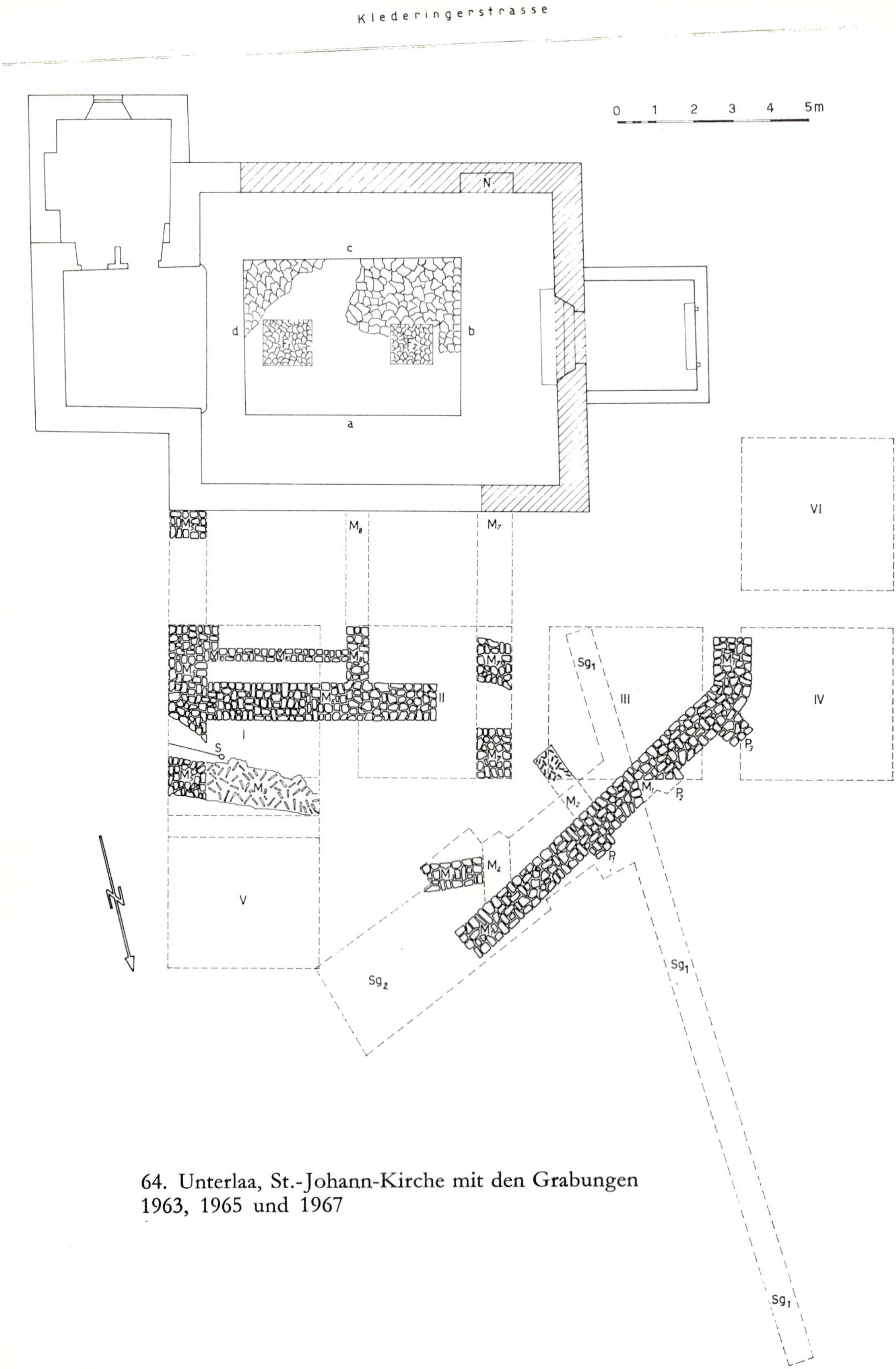

64. Unterlaa, St.-Johann-Kirche mit den Grabungen 1963, 1965 und 1967

65. Unterlaa, St.-Johann-Kirche.
Nordwestwand mit dem Grabtafelfragment des Devomarus

66. Nordwestwand, rechts bzw. links vom Eingang, Innenseite

und Universitätsstraße aus belegt worden war. Der Grabfund in der Währinger Straße 25 (1956)[89] erinnerte von neuem daran, daß in diesem Gräberfeld die ältesten Münzen von Vindobona gefunden wurden. Deshalb und auch auf Grund des Altarfundes CIL III 4559 dürfte sowohl die zugehörige Siedlung als auch die Limesstraße schon im 1. Jhdt. bestanden haben. Um 100 wurden offenbar neben dieser Siedlung die *canabae legionis* aufgeschlagen, die schließlich mit ihr verschmolzen. Die Limesstraße scheint mit der Munizipalstraße ursprünglich eine Einheit gebildet zu haben, da die Verbindungsstücke zum Legionslager erst mit dessen Errichtung um 100 entstanden sein können. An dieser Straße lag das erste Lager der *ala I milliaria Britannica* im Wiener Stadtbereich (Klimsch- und Hohlweggasse), und auch das zweite dürfte sich an der Limesstraße bei der Stallburg befunden haben. Weitere Zeugnisse für den Legionsfriedhof ergaben die Aufgrabungen Hanuschgasse (1950/51) und Neuer Markt 12, 13, 14 (1959), 9 (1960)[90]. Ein in der Wollzeile 30

67. Unterlaa, St.-Johann-Kirche. Grabung 1965 mit den Mauern M_5—M_{10}

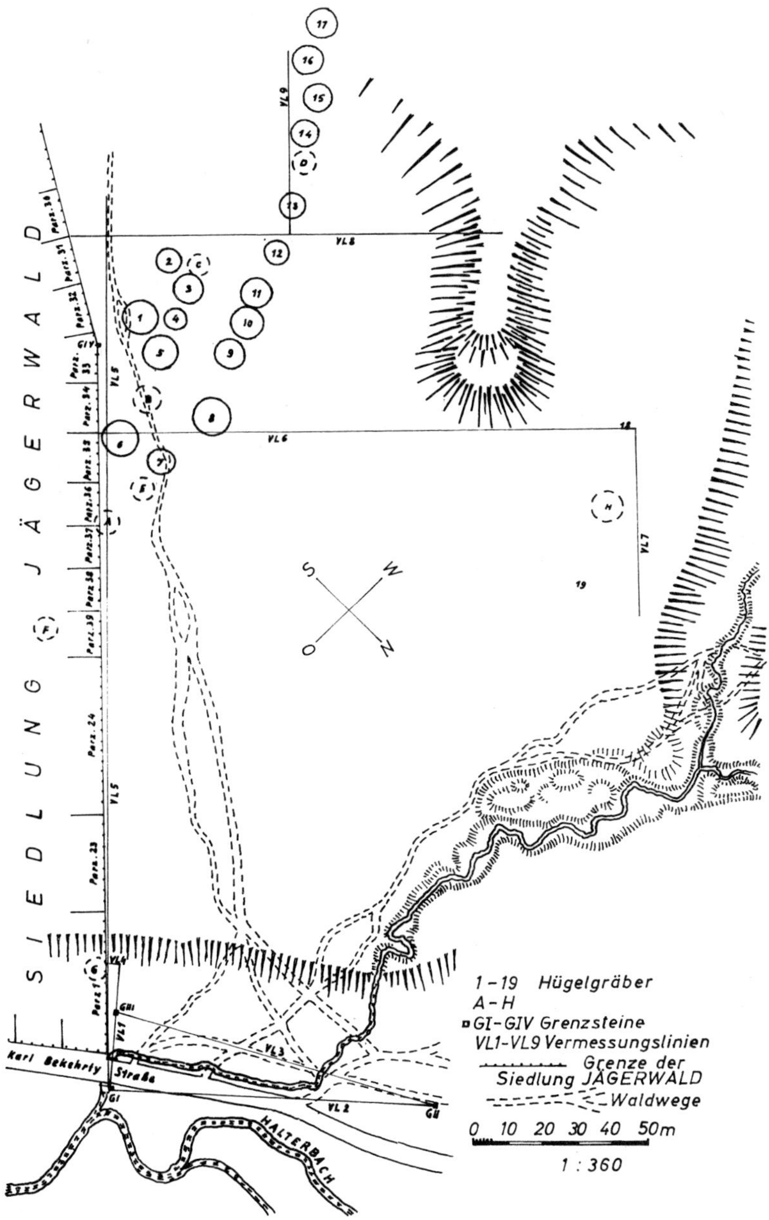

68. Römerzeitliche Gräber in Hütteldorf, Schuhbrecherinwald, bei der Siedlung Jägerwald

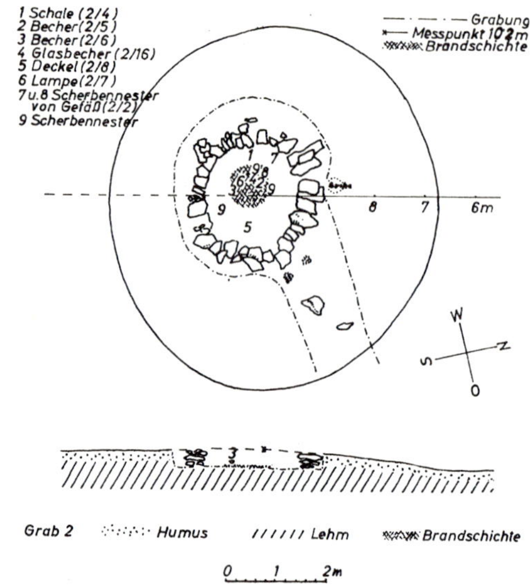

69. Hütteldorf, Schuhbrecherinwald. Grundriß und Profil des Grabes 2

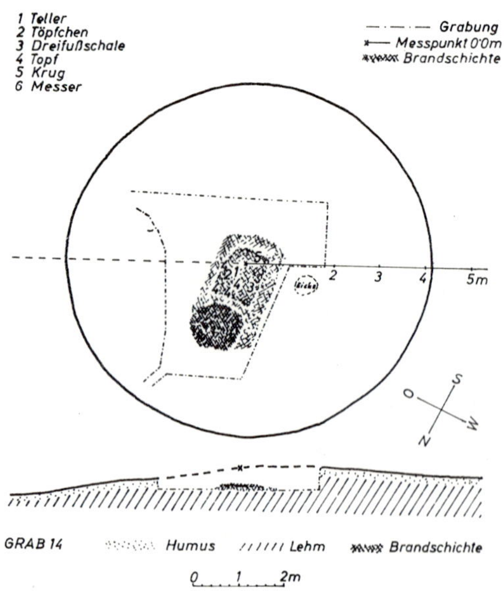

70. Grundriß und Profil des Grabes 14

71. Hütteldorf, Schuhbrecherinwald. Grab 2

bereits 1938 zum Vorschein gekommener, doch erst 1948 bekanntgewordener Marmortorso (Abb. 46) dürfte gleichfalls mit dem genannten Friedhof in Zusammenhang stehen[91].

Mit einem 1950 im Botanischen Garten gefundenen Mithrasrelief aus Marmor (Abb. 48) lag das erste Zeugnis für diesen Kult in der Zivilstadt vor[92]. Für die Besiedlung des Landbezirkes ergaben sich neue Hinweise[93] bei der Gumpendorfer Kirche (1962), in Unterlaa, St.-Johann-Kirche (1963, 1965, 1967, Abb. 64—67), in der Tivoligasse 9 (1964), in Hütteldorf, Schuhbrecherinwald (bei der Siedlung Jägerwald, 1950, 1961, Abb. 68—71), in der Steinergasse 13 (1953), am Bartholomäusplatz 4 (1958), in Heiligenstadt, Jakobskirche (1952, 1953, Abb. 72—74), Eroicagasse 7 (1966) und Michaelskirche (1961), in Inzersdorf, Kläranlage (1951—1953, Abb. 75—77), an der Kreuzung Erlaaer Straße—Triester Straße (1952), ferner in Liesing, Carlbergergasse 40—42 (1950, 1958) und in Maria

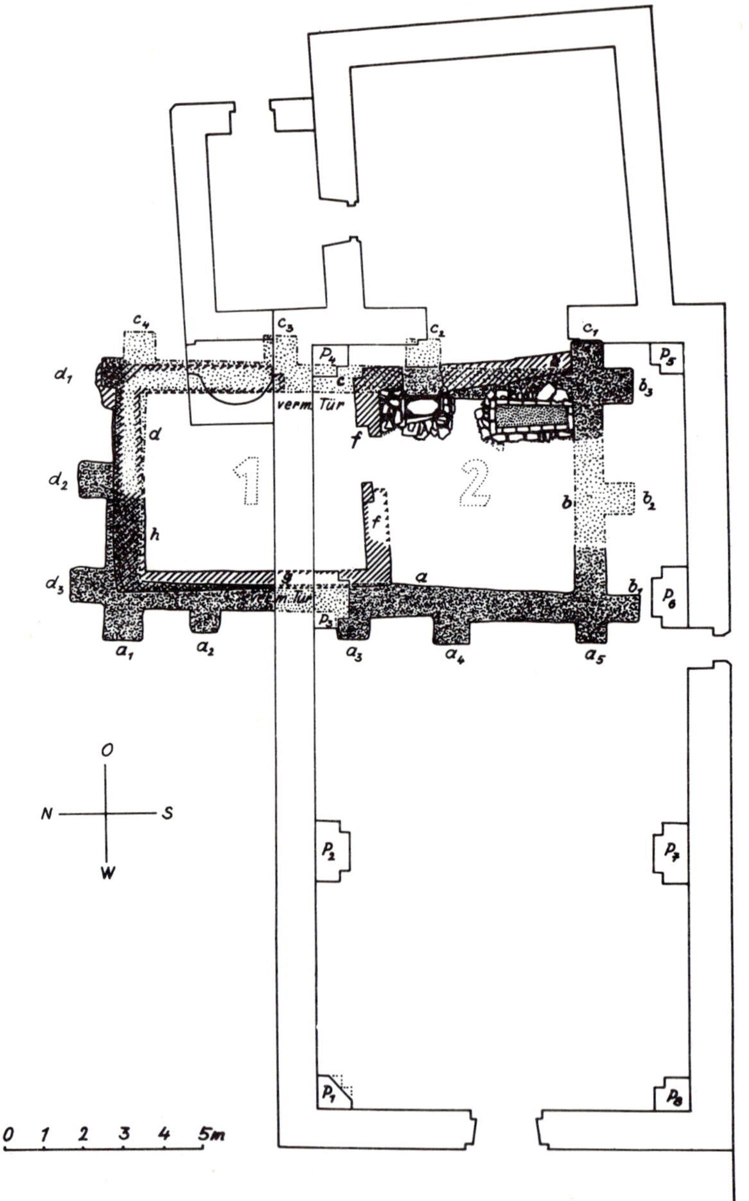

72. Heiligenstadt, Jakobskirche mit dem römischen Pfeilerbau

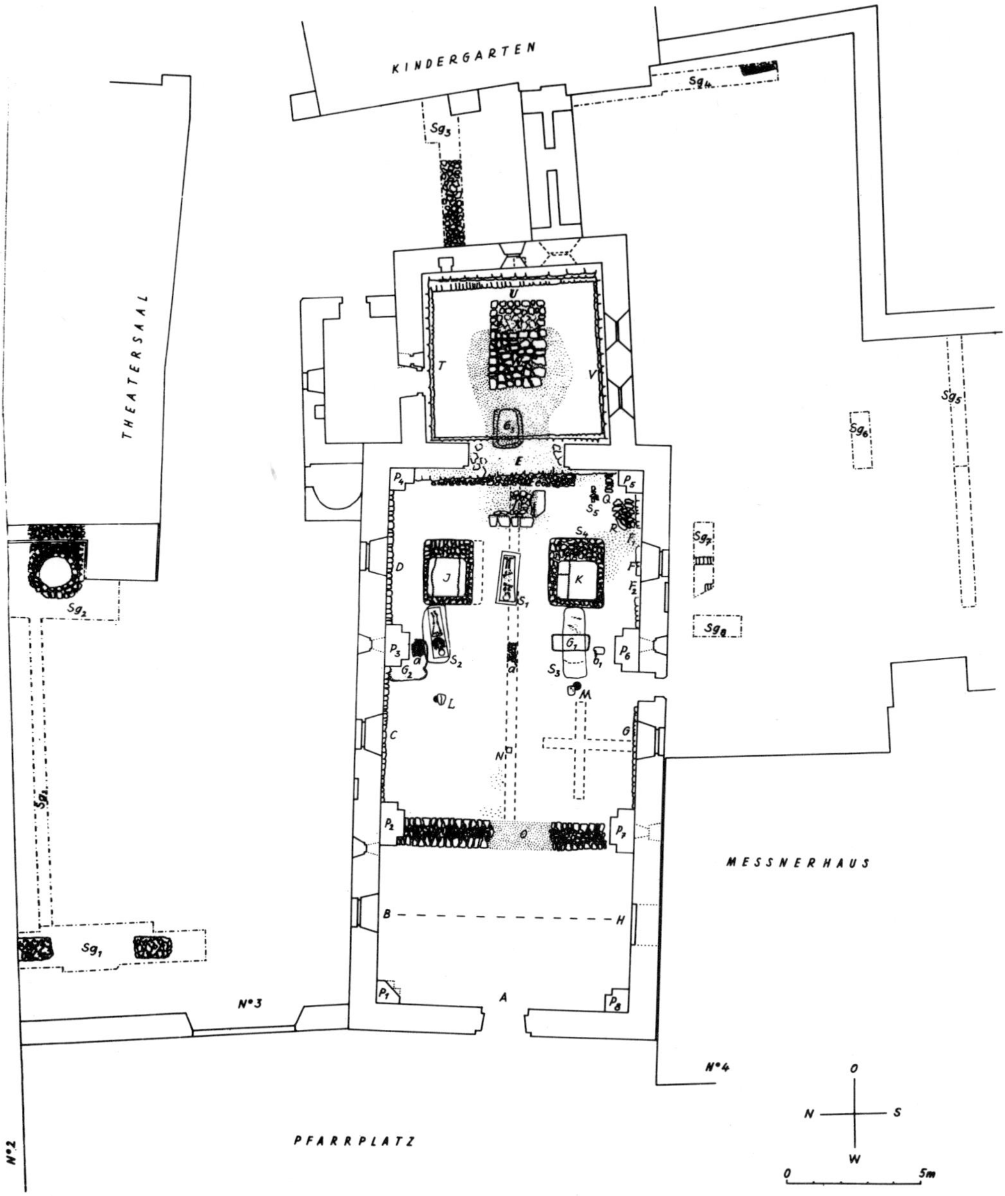

73. Heiligenstadt,
Jakobskirche mit den mittelalterlichen und neuzeitlichen Bauresten

Lanzendorf (1952). Der Abgrenzung von Egger und Vetters auf der Karte zur Topographie der Römerzeit (in: „Österreich-Atlas", 2. Lieferung, 1963) zufolge sind zum Landbezirk von Vindobona sicher noch die schon früher erwiesenen Siedlungen in Muthmannsdorf, Dreistetten, Malleiten, Wöllersdorf, Pernitz, Berndorf, Hirtenberg, Siegenfeld und Biedermannsdorf zu rechnen. Die Besiedlung von Perchtoldsdorf ergab sich auf Grund von Grabfunden, die das Österreichische Archäologische Institut 1954 barg[94]. Neue Teile[95] der römischen Wasserleitung wurden bei der Dorfmeistergasse 11 (1953), ferner in der Wundtgasse (1954), Lainergasse 1 (1958) und Breitenfurter Straße 422 (1959) freigelegt.

Für die Völkerwanderungszeit erbrachten die Grabungen am Hohen Markt 3 (1959, 1961), im Gebiet Salvatorgasse—Stoß im Himmel (1961), in der Siedlung Wienerfeld-Ost (1952, 1953), Hauffgasse 4 (1953), Dostojewskigasse 28 (1955) und Spohrstraße (1956) neue Hinweise[96]. Auf dem Hohen Markt konnte in einem der

74. Heiligenstadt, Jakobskirche, römisches Kinder- und Erwachsenengrab

Tribunenhäuser eine durch ihre Trockenmauern (Abb. 51) gekennzeichnete vierte Bauperiode nachgewiesen werden. Sie steht mit der notdürftigen Wiederinstandsetzung Vindobonas nach seiner zweiten Zerstörung (um 400) und des Limes an der mittleren Donau durch Goten und Alanen in Zusammenhang. Zum Limes gehörte auch Inzersdorf, ein Veteranendorf, für dessen Fortleben nach 400 das in Wienerfeld-Ost freigelegte gotisch-alanische Grab spricht.

Im 6. Jhdt. wohnten innerhalb des Legionslagers offenbar Langobarden, wie die im Gebiete des Lagerspitals (Salvatorgasse—Stoß im Himmel) 1951 ausgegrabenen Gräber bezeugen. Das in der Hauffgasse ausgegrabene Grab aus der Awarenzeit erwies mit den 1928 in der Simmeringer Hauptstraße aufgedeckten Gräbern die Existenz eines Friedhofes bei der Zivilstadt. In der Spohrstraße konnten weitere Belege für den dort befindlichen awarenzeitlichen Friedhof erbracht werden, während in der Dostojewskigasse 28 der erste baierische Topf gefunden wurde.

Von Bedeutung für die Urgeschichte[97] waren 1950 die Vorarbeiten in Mauer, Antonshöhe, zur restlosen Freilegung des Hornsteinbergwerkes aus dem 3. Jahrtausend v. Chr., ferner der Nachweis einer Siedlung aus der gleichen Zeit im Wertheimsteinpark (1957), die weitere Freilegung der jungsteinzeitlichen Siedlung Ober-St. Veit (Gemeindeberg, 1948/49), die Aufdeckung eines Grabes aus der mittleren Bronzezeit in Zwölfaxing, die Freilegung eines solchen aus der Urnenfelderzeit in Hütteldorf, Siedlung Jägerwald (1961) neben dem dort ausgegrabenen römerzeitlichen Hügelgräberfeld sowie der Nachweis einer latènezeitlichen Siedlung in Inzersdorf, Kläranlage (1949).

Alle diese Ergebnisse seit 1948 waren auch dadurch bedingt, daß bis Ende der fünfziger Jahre bei den verschiedenen Bauarbeiten noch mit Krampen und Schaufel gearbeitet wurde und daher stets eine ausreichende Zeitspanne für archäologische Arbeiten zur Verfügung stand. Nicht mehr gegeben war sie, als nur Bagger für Erdaufschlüsse zum Einsatz kamen. Abgesehen von zeitlichen Belangen wurden die Erdschichten nicht mehr sukzessive abgenommen, sondern durchstoßen und zerstört; das Material mit den Kleinfunden wurde rasch entfernt. So wurde jede archäologische Forschungsarbeit unmöglich. Daher mußte zu Plangrabungen übergegangen werden, die mangels geeigneten Personals nur mit einer Baufirma durchgeführt werden konnten. Sie stellen auch in Zukunft die einzige Möglichkeit dar, die archäologische Forschungsarbeit im Wiener Stadtgebiet sinnvoll weiterzuführen. Freilich bedarf es dazu größerer finanzieller Mittel als bisher, das heißt ein Grabungsfonds ist unbedingt erforderlich.

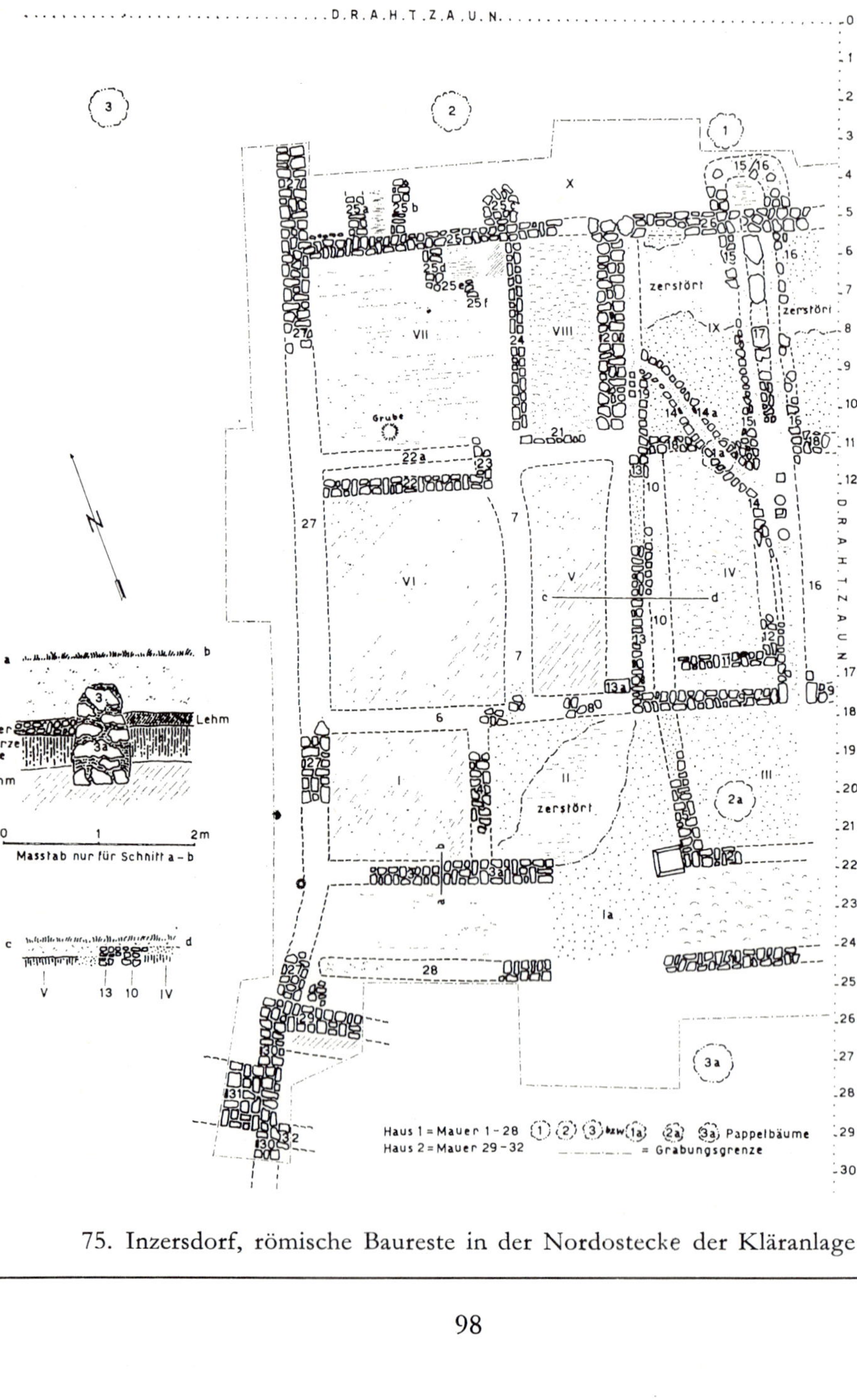

75. Inzersdorf, römische Baureste in der Nordostecke der Kläranlage

Ab dem Jahr 1919, das, wie gezeigt, einen Wendepunkt in der Forschungsarbeit des Römischen Museums der Stadt Wien darstellte, konnten Fundberichte, wie sie Kenner laufend veröffentlichte, nicht mehr erscheinen. In den seit 1930 vom Bundesdenkmalamt herausgegebenen „Fundberichten aus Österreich“ ließen sich nur kurze Mitteilungen unterbringen. Es war daher erfreulich, daß die Ergebnisse seit 1948 als Vorberichte im „Amtsblatt der Stadt Wien“[98], seit 1960 auch in der „Pro Austria Romana“ (PAR) und abschließende Berichte in der neuen, vom Museum herausgegebenen Reihe „Ausgrabungen und Funde im Wiener Stadtgebiet“ erscheinen konnten[99]. Von dieser gibt es jedoch bloß drei Hefte über die Zeit von 1948 bis 1950. So veröffentlichte der Verfasser die weiteren Berichte in verschiedenen einschlägigen in- und ausländischen Zeitschriften[100], bis die Österreichische Akademie der Wissen-

76. Inzersdorf, Kläranlage. Römische Mauern 24, 25, 25a—25c und 27

schaften alle Ergebnisse, soweit sie Vindobona betrafen, in zwei repräsentativen Bänden („Forschungen in Vindobona 1948 bis 1967“, in der Reihe: „Der römische Limes in Österreich“, Heft XXIII/1967 und XXIV/1968) herausbrachte. Auch die Vorberichte wurden seit 1960 ausschließlich in der dafür einschlägigen PAR[101] veröffentlicht. Schließlich war es notwendig, das gesamte Material des Museums in Form von Katalogen der Wissenschaft zu erschließen. So erschienen im „Jahrbuch des Vereines für Geschichte der Stadt Wien“ 17/18 (1961/62) 7ff. und 19/20 (1963/64) 7ff. die Inschriften, deren Anzahl seit der Zusammenfassung durch Kubitschek gestiegen war und die teilweise auch neue Lesungen erfahren hatten. Als Heft XXII (1967) der Reihe „Der römische Limes in Österreich“ brachte die Österreichische Akademie der Wissenschaften die Neubearbeitung der Lampen und anderer Beleuchtungsgeräte heraus.

77. Inzersdorf, Kläranlage. Römische Mauern 14, 14a, 15—17 und 19

Sie war im Hinblick auf Neuerwerbungen notwendig, auch hatte D. Ivanyi in ihrer Arbeit „Die pannonischen Lampen", Budapest 1935 („Dissertationes Pannonicae", Series 2, Nr. 2) die Lampen aus Vindobona nur teilweise berücksichtigt, teilweise auch unrichtige Angaben gemacht. Schließlich ermöglichte die Akademie der Wissenschaften durch Herausgabe des „Corpus der Skulpturen der römischen Welt" in Band I, Heft 1 (1967) die Publizierung der Skulpturen. Vor dem Abschluß stehen der Katalog römischer Ziegel und der der römischen Münzen.

Wenn es auch nicht gelang, das bereits 1948 von Herrn Dipl.-Ing. Rudolf Pamlitschka unter Leitung von Herrn Prof. Dipl.-Ing. Boltenstern und in Zusammenarbeit mit dem Verfasser ausgearbeitete Projekt eines „Museums für Ur- und Frühgeschichte von Wien" in Form eines Neubaues[102] zu verwirklichen, sondern statt dessen die wegen Raummangels unbefriedigende Eingliederung der Museumsobjekte in das Historische Museum der Stadt Wien (Ur- und Frühgeschichtliche Abteilung) treten mußte, so war es wenigstens möglich, Teile von einzelnen Ausgrabungen seit 1948 dauernd sichtbar zu erhalten.

Sichtbare Reste

Ruinenstätte, 1, Hoher Markt 3 [1]

Die Ruinen am Hohen Markt 3 wurden 1948/49 bei der Anlegung eines Kanalschachtes angeschnitten, ausgegraben, restauriert und 1950 für den Besuch freigegeben. In den Jahren 1959 und 1961 konnten die Grabung fortgesetzt, die Stätte erweitert und 1962 wiedereröffnet werden (Abb. 38, 51, 78).

Den Zugang ermöglicht eine Treppe vom Eingang des Hauses Nr. 3 aus. Der Besucher befindet sich zunächst in einem schmalen, rund 2,20 Meter breiten Durchgang, der von den Außenmauern zweier Bauten (1 und 20) gebildet wird. Es handelt sich um zwei Stabsoffiziersquartiere, von denen das linke bis zum Haus Hoher Markt 5, zum Vermählungsbrunnen und zur Landskrongasse reichte. Das rechts sich erstreckende war ebenso groß, also 40×40 Meter, und reichte mit seinem einen Ende bis zum Bauernmarkt. Die anderen Enden befanden sich beim Vermählungsbrunnen und bei der Landskrongasse. Die beiden Außenmauern (1 und 20) sind größtenteils Grundmauern und bestehen, wie alle bisher aufgedeckten und untersuchten, aus Bruchsteinen Sieveringer Herkunft, die mit Kalkmörtel gebunden sind. Das Gassenniveau ist in rund 1,80 Meter Höhe zu denken. An einem Ende des Durchganges ist der Plan des Lagers und seiner Umgebung in Form eines mit Zement gebundenen Keramikmosaiks angebracht. Er gibt innerhalb der Lagermauer lediglich eine schematische Rekonstruktion, da in dem seit der Römerzeit immer wieder aufgegrabenen Boden keine vollständigen Fundamente erhalten, sondern nur mehr Fragmente der Baugrundrisse zu finden sind. So zeigt der Nordostrand der beiderseits von Säulenhallen begleiteten Lagerhauptstraße *(via principalis)* zwischen der Hohen Brücke am Tiefen Graben und der Kreuzung Kramergasse—Ertlgasse bei der Wollzeile sechs Quartiere für Stabsoffiziere, von denen die beiden letzten nahe dem rechten Lagerhaupttor *(porta principalis dextra)* jene sind, von denen in der Ruinenstätte

Reste stehen. Und zwar handelt es sich lediglich um die Nordostecke des einen und die Nordwestecke des anderen Hauses mit den anschließenden Räumen. Auch diese sind meist nur teilweise erhalten. Der Rundgang zeigt, daß der Boden in der Regel aus einer Masse von Kalk und Ziegelsplitt besteht. In Einzelfällen wurden ein Belag aus Ziegeln (Raum K) oder bloße Erde (Raum L) gewählt. Fünf Räume (A, C, J, I, O) konnten mit Warmluft geheizt werden: entweder bloß der Boden (I, J) oder auch die Wände. Letzteres ist nur in drei Räumen (A, C, O) der Fall, und zwar ist in einem (A) eine beschränkte Wandheizung vorhanden, das heißt, es gibt bloß eine einzige Reihe von Hohlziegeln an den Wänden unmittelbar beim Boden, die die Warmluft aufnehmen konnten, während in den anderen (C, O) mehrere Hohlziegelreihen übereinander bestanden.

78. Hoher Markt 3. Schauraum mit Kammer J und den Mauern 1 und 3

Dies ist noch aus den Abdrücken im Verputz zu erkennen. Die Räume, die nur mit einer Bodenheizung versehen sind, zeigen entweder einen Hohlraum unter dem Fußboden (J), oder sie haben lediglich Gänge (I) unterhalb desselben. In beiden Fällen erfolgte der Abzug der Rauchgase seitlich, was auch in einem Fall (J) aus dem noch vorhandenen Kamin, der später vermauert wurde, erkennbar ist. Er befindet sich in jenem Teil der beide Häuser trennenden Gasse, die durch eine Mauer verbaut wurde. Die Räume sind klein, das heißt, es handelt sich um 2,4—4,5 × 3,1—3,8 Meter große Kammern, die zu je vier Reihen einen von Säulenhallen umschlossenen Hof umgaben. Davon gewinnt der Besucher an Hand des im zweiten Ausstellungsraum ausgestellten Ruinenplanes eine Vorstellung. Die Existenz des Hofes ist einmal dadurch gegeben, daß die Lagerbauten in der Regel durch Höfe gekennzeichnet sind und daß anderseits entsprechende Funde darauf hinweisen. Mit je vier Kammerreihen um diesen Hof ist aber bloß die letzte Bauperiode der beiden Häuser gegeben. In der ersten, zur Zeit der Gründung des Lagers um 100 n. Chr., existierten offenbar insgesamt nur zwei Kammerreihen, von denen je eine an die Innenseite jener Außenmauern angebaut war, die senkrecht zur Lagerhauptstraße liegen. Die Kammern dieser Reihen sind kleiner als jene, die nach der Zerstörung des Lagers in der Zeit des Markomanneneinfalls (2. Hälfte des 2. Jhdts.) entstanden. Die Schutthaufen wurden planiert und darauf der Neubau gesetzt. In der ersten und zweiten Bauperiode muß der Hof verhältnismäßig groß gewesen sein. Erst im 3. Jhdt. kam es, nach der Form der Ziegelstempel zu schließen, zum Anbau weiterer Kammerreihen, die mit den anderen, früher gebauten, keinen einheitlichen Verband bilden. Eine vierte Bauperiode ist in dem benachbarten, sich in Richtung Hoher Markt 5 erstreckenden Haus feststellbar, und zwar in dem die Nordostecke bildenden Raum I. Auf seinem Fußboden und im Schutt, der durch die zweite große Zerstörung des Lagers entstand, wurden Trockenmauern (30, 31, 32) errichtet. Eine von ihnen (32) führte zur teilweisen Verbauung der Gasse. Alle Mauern folgen aber noch dem Raster des Lagers. Damit ist zeitlich ein enger Anschluß an die Wende vom 4. zum 5. Jhdt. ebenso gegeben wie der Zusammenhang mit den vielfach bezeugten Wiederinstandsetzungsarbeiten am pannonischen Limes der 380 n. Chr. von Kaiser Gratian angesiedelten Goten und Alanen. Der Fußboden, auf dem, wie vermerkt, Trockenmauern aufgeführt wurden, zeigt ein großes Loch, eine Anschüttung von Kalk und Ziegelsplitt und von Ziegelsplitt allein. Offenbar war man kurz vor der Zerstörung des Lagers (um 400) dabei, das Loch mit der an Ort und Stelle gemischten Flickmasse auszufüllen. Doch die Einnahme des Lagers durch die Markomannen ließ es nicht mehr dazu kommen, und ein gewaltiger Schutthaufen deckte sich über alles.

Zwei Vitrinen zeigen Ziegelfunde. Alle Legionen sind vertreten, die sich als Garnison von Vindobona nachweisen ließen: die 13., 14. und die 10. Von den Ziegeln mit Stempeln der 14. Legion ist besonders ein Dachziegelfragment mit Ritzinschriften bemerkenswert. Es handelt sich um Vermerke, die bei der Zählung der Ziegel vor dem Brennen durch den *centurio* gemacht wurden, der die Aufsicht führte. Ein anderes Ziegelfragment stellt eine bescheidene Votivgabe des C. Mus(ius oder -onius) Cattus an die Militärgötter dar, der, nach dem erhaltenen Stempelteil zu schließen, Angehöriger der 10. Legion war. Neben diesem Fragment befindet sich der Torso einer Minervastatuette, die mit anderen Objekten 1948 im Schutt der Gasse gefunden wurde. Die Göttin, die mit langem, in Falten gelegtem Gewand in schreitender Stellung dargestellt ist, hält mit der Linken einen auf den Boden gestellten ovalen Schild. Neben diesem sitzt ein geflügeltes Tier, dessen Kopf fehlt. Die Ausführung der Statuette spricht für das 3. Jhdt. In dieser Zeit ist die Göttin Minerva, die im römischen Heer als Göttin der Kriegskunst verehrt wurde, mit dem Beizeichen der Sphinx dargestellt worden. Schließlich bleibt noch das Bruchstück eines Altares zu erwähnen, das 1957 beim Neubau des Hauses Hoher Markt 3 gefunden wurde. Von der Inschrift sind bloß die drei obersten Zeilen erhalten. Ihnen ist zu entnehmen, daß der Altar Jupiter, Juno, Minerva und den *dii militares* — Ars, Virtus, Mars und Fortuna — gesetzt war. Der Fundort wie das eradierte Bildfeld oberhalb der Inschrift lassen vermuten, daß sich der ursprüngliche Aufstellungsort in einer Kultnische der beiden Stabsoffiziersquartiere befand. Aus einem dieser Räume dürfte auch die erwähnte Minervastatuette stammen.

Außer dem Plan von Lager und Zivilstadt sind, ebenfalls in Form eines Keramikmosaiks, an der gleichen Wand der Ruinenplan des Lagers und — an der anschließenden — der Rekonstruktionsversuch des Bereichs der beiden Bauten, von dem die Ruinen stammen, zu sehen. Darunter befindet sich der Zementabguß eines Mühlsteines, der aus einem Grabstein herausgearbeitet worden war. Das in der Antikensammlung des Kunsthistorischen Museums befindliche Original wurde Ecke Jasomirgottstraße 1—Stephansplatz 9 vor 1891 gefunden. Die ins 2. Jhdt. führende Inschrift ist fast zur Gänze erhalten, lediglich der Name fehlt. Der Stein war einem Lagerplatzkommandanten *(praefectus castrorum)* der 10. Legion gesetzt worden, der ebenfalls zu den Stabsoffizieren zählte und einen gleichen Bau bewohnte wie die sechs Legionstribunen. Schließlich sind von den zur Illustration der Gesamtanlage des Lagers ausgestellten Stücken drei Zementabgüsse von Verkleidungsquadern der Lagermauer — einer davon mit einer Bauinschrift der 13. Legion — und drei Flachreliefs zu nennen. Sie zeigen das Haupt der Medusa im Strahlenkranz, zwei übereinandergelegte, sechseckige Schilde mit zwei Speeren und einem Pfeil sowie einen an eine Säule angelehnt gedachten Ovalschild mit zwei Dolchen. Der apotropäische Sinn dieser Darstellungen liegt auf der Hand, der ursprüngliche Ort, an dem das Relief angebracht war, ist ungewiß.

Baureste, 1, Am Hof 9 [2]

Im Keller des Hauses Am Hof 9 konnte in einem 4,15 × 10,30 Meter großen Raum ein Teil der bei der Grundaushebung für den Neubau dieses Hauses gemachten Funde (Abb. 59 a, b, 79, 80) in ursprünglicher Lage erhalten werden. Der Besucher sieht in der Mitte des Raumes ein Stück des Lagerhauptkanals, der entlang dem Lagerwall unter der sogenannten *via sagularis* verlief. Dieser Kanal nahm sämtliche Abwässer auf und führte sie teils über den späteren Ottakringer Bach durch den Tiefen Graben, teils aber auch über die bei der Pestsäule am Graben entspringende und im Mittelalter als „Möhrung“ bezeichnete Wasserader durch die Rotenturmstraße in die Donau. Eine Vorstellung davon gewinnt man an Hand des ausgestellten Vindobona- und Lagerruinenplanes.

Die Kanalsohle zeigt einen Belag aus der Länge nach gelegten Leistenziegeln; zwei von ihnen kommen in der Sohlenmitte nebeneinander zu liegen. Der größte Teil des Lagerkanalnetzes hatte, wie die Ausgrabungen zeigten, Leistenziegel als Sohlenbelag, doch war ihre Lage verschieden. Es fanden sich auch solche, die mit den Leisten nach unten gekehrt oder die quer über die Sohle gelegt waren. Die Ziegel sind durchwegs gestempelt und tragen, wie ein ausgestelltes Exemplar zeigt, den Stempel der 13. Legion in Form einer *tabula ansata*. Am Ende des Stempels sind die Namensinitialen jenes *centurio* zu lesen, der die Ziegelherstellung beaufsichtigte.

Der Grundriß des durch den letzten Weltkrieg zerbombten Hauses Am Hof 9 zeigt, daß die freigelegte Kanalstrecke rund 37,5 Meter beträgt und daß der erhalten gebliebene und im Raum zu sehende Teil des Kanals ein Stück der Mittelstrecke C_1 bildet. Aus dem Plan ist auch ersichtlich, daß die Kanalsohle in Richtung Heidenschuß breiter wurde. Die Kanalmauern waren an keiner Stelle in ihrer ursprünglichen Höhe erhalten, doch ließ sich aus der höchsten (rund 1,53 Meter) zusammen mit der Lage eines aufgedeckten Stückes der *via sagularis* noch so viel erschließen, daß die ursprüngliche Höhe rund 1,80 Meter betragen haben dürfte. Der obere Abschluß war flach und mit Platten gedeckt, von denen sich, wie das Ausgrabungsbild zeigt, noch ein Fragment fand, das bedauerlicherweise während der Grabung abhanden kam. Von der Straße aus war der Kanal an den steinernen Kanaldeckeln erkennbar, deren Form im wesentlichen dem Zementabguß entsprochen haben dürfte, der in einer Ecke des Raumes aufgestellt ist und dessen Original in der Wipplingerstraße (1902) gefunden wurde. Er gehörte daher offenbar zum Hauptkanal der Lagerhauptstraße *(via principalis)*.

Außer dem Kanal wurden das bereits erwähnte Stück des Straßenbelags der *via sagularis* bei D, ferner der Turm B a—c und sechs Stücke der Lagermauer A_{1-6} gefunden, an die der Turm angebaut war. Diese Objekte konnten bedauerlicherweise nicht erhalten werden, obwohl durch sie zum Teil neue Erkenntnisse gewonnen wurden. So führten die Mauerteile A_{1-6} zu einer Lagermauer, bei der der Südwestturm des linken Lagerhaupttores eine vor die Mauer vorgezogene Stellung hatte und zu der offenbar auch ein am Heidenschuß befindliches, 1948 aufgedecktes Mauerstück zählt. Diese Mauer scheint beim Wiederaufbau des Lagers nach seiner Zerstörung durch die Markomannen und Quaden in der zweiten Hälfte des 2. Jhdts. an Stelle der alten, offenbar stark in Mitleidenschaft gezogenen errichtet worden zu sein. Die neue Stellung des Torturmes, der die Defensivkraft wesentlich erhöhte und der in den Lagern erst für die spätere Kaiserzeit charakteristisch ist, spricht besonders dafür. Wie die Strecke A_3 zeigt, wurde diese zweite Lagermauer offenbar in der Spätantike wieder abgetragen und auf den untersten Scharen ein rund 80 Zentimeter hoher, mit Kalkmörtel gebundener, dachförmiger, 5 bis 10 Zentimeter stark verputzter Aufsatz hergestellt. Bis zu welchem Ausmaß diese Abtragung erfolgte, läßt sich nicht beurteilen. Möglicherweise sollte eine Schiffslände geschaffen werden, deren Notwendigkeit kurz vor der zweiten großen Zerstörung des Lagers um 400, als Vindobona Flottenstation wurde, bestanden haben könnte.

Südwestlicher Lagereckturm, 1, Naglergasse 26[3]

Im mehrstöckigen Keller des Hauses Naglergasse 26, das mit dem Am Hof 1 identisch ist, wurde während des letzten Krieges, als die verschiedenen Räume für Luftschutzzwecke adaptiert werden mußten, auch ein seit 70 Jahren vermauerter, 4,50 Meter langer, 2,50 Meter breiter und 2,30 Meter hoher Raum zugänglich gemacht.

79. Lagerhauptkanal, Am Hof 9. Schauraum mit teilweiser Rekonstruktion

80. Lagerhauptkanal, Am-Hof 9. Kanalsohle und Mauerreste

Im Verlauf der archäologischen Auswertung der Kanalgrabung Tiefer Graben—Heidenschuß—Am Hof—Irisgasse (1948, Abb. 57) zeigte sich, daß dieser Raum von zwei Mauern, a und b, und einem zu b senkrecht stehenden Maueransatzstück gebildet wird und daß diese Mauern römische Grundmauern darstellen. In der späteren Zeit wurden sie nicht zerstört, sondern verbaut. Zu den Anbauten zählt die Mauer c, die nicht mit der Mauer b in der gleichen Flucht liegt und deren *opus incertum* kleinere und glattere Bruchsteine aufweist als a und b. Der von diesen Mauern und dem erwähnten senkrechten Ansatzstück zu b gebildete Raum zeigt also den südwestlichen Lagereckturm an, wobei mit a ein Teil der Lagermauer vorliegt. Denn a fügt sich dem Verlauf dieser in der Naglergasse auf eine lange Strecke hin nachgewiesenen Mauer zwanglos ein.

Sarkophag, 1, Schottengasse 2[4]

In den Jahren 1827 bis 1835 wurde beim Neubau des Südtraktes des Schottenstift-Konventsgebäudes ein 2,15 Meter langer, 90 Zentimeter breiter, 83—89 Zentimeter hoher, zweifellos römischer Sarkophag aus grauem Sandstein gefunden. Deckel und Behälter erfuhren verschiedene Veränderungen, so Mörtelanwurf und Abschrägungen und Bearbeitung der Akroterien. Aber noch später scheint der Sarkophag, offenbar um ihn vor dem Zerfall zu schützen, mit einer Betonschichte verkleidet worden zu sein. Dabei wurden die angeführten ursprünglichen Maße überschritten. Der Sarkophag — er ist völlig schmucklos und ohne Inschrift — wurde auf eine aus Ziegeln bestehende Basis gestellt. Er stammt aller Wahrscheinlichkeit nach vom nahen Legionsfriedhof. Im November 1969 wurde er vom Bundesdenkmalamt zerlegt und in der nahen Gruft des Schottenstiftes neu aufgestellt.

Kirche St. Jakob, 19, Heiligenstadt, Pfarrplatz 2[5]

Vom Kirchenboden aus führt eine Treppe in den Raum 2 des in den Jahren 1952/53 ausgegrabenen römischen Pfeilerbaues, der linker Hand ein Kindergrab und rechter Hand ein Erwachsenengrab (Abb. 72, 74) enthält. Beide Gräber sind, wie der Bau selbst, von Norden nach Süden gerichtet und gehörten zu einem nördlich der Kirche befindlichen römischen Friedhof, der 1966 in der Eroicagasse 7 angeschnitten wurde. Auf ihn weist ferner ein 1890 im Hof der damaligen Pfennigbergschen Wachstuchfabrik (Hammerschmidtgasse 18—Steinbüchlweg 3) gefundenes Grab aus der Awarenzeit hin. Der Wiener Raum ist, wie schon erwähnt, archäologisch besonders dadurch charakterisiert, daß sich Awarengräber stets bei römischen befinden. Die Bestattungen innerhalb des römischen Pfeilerbaues erfolgten offenbar erst, als der Bau selbst seinem ursprünglichen Zweck entzogen, das heißt also zerstört worden war oder leerstand. Dazu dürfte es aller Wahrscheinlichkeit in nachvalentinianischer Zeit, und zwar im 5. Jhdt., gekommen sein. Darauf führt zunächst die Tatsache, daß der Bau, der durch je drei Pfeiler an den Breit- und fünf bzw. vier an den Langseiten gekennzeichnet ist und einmal fast völlig zerstört und wieder aufgebaut wurde, durch eine noch spätere Arbeit an der Mauer e charakterisiert wird. Und zwar handelt es sich um den unmittelbar an die Mauer b angrenzenden Teil, der zerstört und dann wieder geflickt wurde. Die Bruchsteine weisen nicht nur Bindung mit Lehm, sondern auch mit Erde auf. Die gleiche Technik zeigen die Stützmäuerchen der beiden Gräber, zu deren Aufbau auch Ziegel Verwendung fanden. Die Stempel sind solche der 10. Legion aus dem 2. und 3. Jhdt. sowie Stempel aus valentinianischer Zeit (365—375 n. Chr.). Da beide Gräber kaum gleichzeitig angelegt wurden, ist anzunehmen, daß das Ziegelmaterial aus einer gemeinsamen Quelle stammt, offenbar dem römischen Bau selbst.

Als die erste, durch die Mauern O, C, D, E, F und G begrenzte vorromanische Kirche (Abb. 73) erbaut wurde, stieß man vermutlich bei der Grundaushebung auf die beiden Gräber, exhumierte deren Inhalt und begrub ihn wieder auf dem benachbarten Friedhof. Ihn an Ort und Stelle zu belassen, war, da es sich offenbar um Heiden handelte, nicht möglich. Der Grabaufbau selbst aber störte nicht weiter. Daß der Raum des römischen Baues, in dem beide Gräber sich befinden, bei der Errichtung der ersten Kirche geschont wurde, scheint weniger Absicht als Zufall zu sein. Die Kirche konnte an keiner anderen Stelle errichtet werden, wenn das Material des römischen Baues, das zu dem Bau nachweisbar verwendet wurde, bequem zur Verfügung stehen sollte. Denn südlich des römischen Bauwerkes lag ein Hang, und jede andere Stelle in der Umgebung hätte die Kirche in den Bereich des antiken Friedhofes gebracht. Das wollte man aber offenbar vermeiden, auch deshalb, weil jeder Friedhof als *locus sanctus* galt. Dieser Friedhof war für die sich im Mittelalter entwickelnde Ortschaft so kennzeichnend, daß sie Heiligenstatt (stadt) genannt wurde.

Kirche St. Johann, 10, Unterlaa [6]

Rechter Hand des Einganges der dem Malteser-Ritter-Orden gehörenden St.-Johann-Kirche am Ortsausgang von Unterlaa (an der Klederinger Straße) befindet sich, eingemauert, ein Grabtafelfragment (Abb. 65), das den mit 70 Jahren verstorbenen Devomarus und seine früh verschiedenen Söhne erwähnt. Als Stifterin der Tafel ist Monema, die Gattin des Devomarus, genannt. Wie die Untersuchungen und Grabungen der Jahre 1963, 1965 und 1967 (Abb. 64) gezeigt haben, gehört die Tafel zu einem mehr als 9×11 Meter großen römischen Grabhaus, von dem noch drei Mauern, stellenweise bis zu 3 Meter hoch, erhalten sind. Es handelt sich um die beiden Längsmauern und um jene Breitmauer der Kirche, in der sich der Eingang (Abb. 66) befindet. Die römische Konstruktion dieses Mauerwerkes ist im Inneren der Kirche noch deutlich erkennbar.

Die erste nachweisbare Kirche ist durch Adaptierung des römischen Grabhauses entstanden, und zwar wurde sein Raum durch zwei Säulenstellungen (Abb. 81) in zwei Schiffe geteilt und an die Nordostmauer ein drittes Schiff (Abb. 67) angebaut. Unter den an dieser Stelle freigelegten und sichtbar gelassenen Mauerzügen (Abb. 64) fallen die beiden senkrecht von der Kirche abgehenden und einen Meter breiten Mauern M_5, M_7, die nach 4,5 Meter durch die ebenso breite und senkrecht zu ihnen verlaufende Mauer M_6 verbunden sind, besonders auf. Alle anderen gehören zu Grabanlagen, deren Abgrenzung offenbar durch die gleichfalls einen Meter breite und durch Pfeiler verstärkte Mauer M_1 erfolgte. Die Nordostmauer des römischen Grabhauses wurde beim Anbau des dritten Schiffes durch zwei Bogenstellungen unterbrochen.

Diese dreischiffige Kirche ist dem Grundriß zufolge, von dem bloß die Apsis noch fehlt, sowie der Konstruktion der Mauern (soweit sie nicht zum römischen Grabhaus gehören) und den Holzsäulen nach zu schließen, deren Abdrücke in den Fundamentierungen F_1, F_2 vorhanden sind und die das Grabhaus in zwei Schiffe teilten, in karolingische Zeit, vermutlich in den Anfang des 9. Jhdts., zu setzen.

Der Boden dieser Kirche war ein Tretboden, unter dem sich noch drei weitere befinden. Der unterste ruht auf einer mit großen Bruchsteinen ausgelegten römischen Schuttschichte. Ob diese, inklusive der Tretböden, auf eine noch ältere Kirche schließen läßt, ist derzeit noch fraglich. Sicher aber ist damit ein Hinweis auf die Kontinuität der Besiedlung seit der Römerzeit gegeben.

Das Grabhaus ist ein Teil des römischen Friedhofs. Die Siedlung lag, wie Funde dartun, am Johannisberge.

81. Unterlaa, St.-Johann-Kirche. Grabung 1967

Funde

Neben den in ursprünglicher Lage befindlichen und zugänglichen römischen Resten gibt es aus Vindobona Funde, die in verschiedenen Sammlungen aufbewahrt werden, sonstwo aufgestellt oder aber auch verschollen sind. So zeigt zum Beispiel die rechte Atriumswand des Riesentores der Stephanskirche das eingemauerte Fragment eines Grabsteines[1], der mindestens drei Personen gesetzt wurde. Eine von ihnen ist als Soldat der 10. Legion erwähnt. Der Bezeichnung derselben als *Severiana* zufolge fällt der Stein in die Jahre 222 bis 235, also in die Regierungszeit des Kaisers Severus Alexander. Nur damals führte die Legion diesen Beinamen. Der Stein ist ein Hinweis darauf, daß zum Bau der Stephanskirche auch Grabsteine des hier befindlichen Teiles des Legionsfriedhofes Verwendung fanden. Aber auch aus dem nahen Lager wurde Material herangezogen. So ist etwa der Verkleidungsquader eines Lagerturmes[2] im nördlichen Heidenturm, und zwar im Gewölbe des Erdgeschosses, eingemauert. Die Inschrift erwähnt die 14. Legion und von dieser die zur 6. Kohorte zählende *centuria* des Lutatius Expectatus. Die Lagertürme waren zumindest teilweise ein Werk dieser Legion[3]. Daß Türme später gebaut wurden als die Lagermauer, beweist auch der Umstand, daß sie an deren untersten Scharen nicht unmittelbar, sondern erst weiter oben anschließen. Ein Beispiel dafür ist der Lagerturm (Abb. 59a) im Bereich der Feuerwehrzentrale Am Hof 9[4]. Ebenfalls eingebaut wurden Teile einer monumentalen Inschrift, von denen zwei bei der Restaurierung der Gumpendorfer Kirche (1962) zum Vorschein kamen[5]. Sie befinden sich an der Südwestseite des Gotteshauses, und zwar außen, rechts von einer kleinen Nebentür, unmittelbar über dem Boden. Das eine Fragment wurde bereits von Lazius, das andere von ihm und Milles (1737) gelesen, und zwar als diese beiden Fragmente mit zwei anderen, bisher nicht wiedergefundenen, im Turm der bis 1765 bestehenden Ägydikirche in Gumpendorf eingemauert waren. Ihr Zusammenhang mit dem anderen Bruchstück einer monumentalen Inschrift, das 1896 in der Rotgasse 4 gefunden wurde[6], ist bald verneint, bald befürwortet worden[7]. Die bisher nicht bekannten Buchstabengrößen der Inschrift liegen nun mit den beiden sichtbaren Fragmenten aus der Gumpendorfer Kirche vor. Sie bezeugen die Existenz von zwei verschiedenen, monumentalen Inschriften, von denen die eine aus dem Lager, die andere aus Gumpendorf selbst stammt. Gemeinsam mit anderen Indizien, zu denen auch die Existenz von Schwefelquellen der Meidlinger Quellgruppe in der Mollardgasse 45—47, 72 und 82 zählt, ist die Inschrift ein Hinweis auf die römische Besiedlung von Gumpendorf[8].

82. Grabstein des Segillus und seiner Gemahlin, beide in einheimischer Tracht

Die Besiedlung von Muthmannsdorf hingegen bezeugt der im Garten des Schlosses Hernstein aufgestellte Grabstein (Abb. 82) des Segillus[9]. Das Hochrelief desselben stellt ein Ehepaar in einheimischer Tracht dar, an der besonders der breite Pelzhut der Frau bemerkenswert ist[10]. Dagegen stammt der an der Schloßkapelle von Ebreichsdorf aufgestellte Grabstein[11] aus dem Lagerterritorium. Ihn setzte L. Septimius Celsinus, Veteran der 10. Legion, seiner Gattin Aurelia Ursula wie sich selbst und den Seinen. Beide Steine zeigen die Unbeholfenheit des ortsansässigen Künstlers, die besonders in der linienhaften Ausarbeitung des Details zum Ausdruck kommt.

Den Hauptanteil an Funden aus Vindobona besitzt die Ur- und Frühgeschichtliche Abteilung des Historischen Museums der Stadt Wien[12], das ehemalige Römische Museum. Unter den zahlreichen Objekten, die die urgeschichtliche Entwicklung dokumentieren, muß auf den sogenannter „Simmeringer Münzfund“[13] näher eingegangen werden.

Im Jahre 1880 kam bei Wasserleitungsarbeiten im Hofe des Hauses Simmeringer Hauptstraße 36 ein grauer Tontopf zum Vorschein, dessen Inhalt bedauerlicherweise bald verkauft oder verschenkt wurde. Insgesamt konnten in verschiedenen Sammlungen ein silberner Barrenring, 26 Groß- und 261 Kleinsilbermünzen festgestellt werden. Die genannte Museumsabteilung besitzt davon den Barrenring, eine Großsilbermünze des Biatec und zwei Kleinsilbermünzen im Original. Als Abguß sind eine Großsilbermünze des Nonnos und eine des Lantumarus sowie 15 Kleinsilbermünzen des Kunsthistorischen Museums und fünf der ehemaligen Sammlung S. Wolf (Eisenstadt) ausgestellt. Diese Münzen legen von der Herrschaft der keltischen Boier im Wiener Raum Zeugnis ab, das heißt sie weisen mit anderen boischen Münzen, zu denen auch eine ausgestellte Großsilbermünze des Biatec aus einem Schwechater Schatzfund gehört, auf die Wanderung der Boier um die Mitte des 1. Jhdt. v. Chr. nach Osten hin. Im Jahre 60 v. Chr. kam es zu jener bereits im ersten Abschnitt dieses Buches erwähnten Auseinandersetzung mit dem dakischen König Burebista, die mit der Niederlage der Boier und der mit ihnen verbündeten Taurisker endete.

Außer Biatec, Nonnos und Lantumarus sind im Simmeringer Münzfund noch andere Namen boischer Fürsten vertreten, zum Beispiel Devil, Busu, Coisa und Fariarix. Die kleine boische Goldmünze dagegen aus der Stolzenthalergasse, ein Drittelstück des bekannten Athene-Alkis-Typus, stammt aus dem 2. Jhdt. v. Chr. und gelangte offenbar durch den Handel in das Wiener Stadtgebiet. Als Vorbild für die Goldmünzen dienten Nachprägungen des

Goldstaters Alexanders d. Gr. von Makedonien (336—323 v. Chr.), während die Silbermünzen von römischen Denaren, griechischen Drachmen aus Massilia (dem heutigen Marseille) und Münzen benachbarter keltischer Stämme wie der Noriker beeinflußt sein dürften[14].

Die jüngste Stufe der Latènekeramik ist durch die große Fundmasse vertreten, die 1926 beim Neubau des Hauses Engelsberggasse 3—Riesgasse 4 zusammen mit zwei Töpferöfen zum Vorschein kam[15]. Die Keramik ist nicht gleich geartet; neben zahlenmäßig geringer vertretener Graphittonware gibt es umfangreichere Grautonware. Sie zeigt Kammstrichverzierung und Anwendung der Töpferscheibe. Auch Bodenmarken in Form des Hahnentrittes und eines einfachen Malzeichens kommen vor. Die nähere Untersuchung hat gezeigt, daß die Töpferofenanlage auf eine nicht bodenständige Bevölkerungsschicht zurückgeht, die mit der spätlatènezeitlichen Siedlung des Leopoldsberges in Zusammenhang stehen dürfte. Damit scheint ein Hinweis auf die Umsiedlung der keltischen Bevölkerung auf dem Leopoldsberg in den Bereich des 3. Bezirkes durch die Römer gegeben zu sein.

Die Keramik wie die Töpferöfen fallen bereits in das 1. Jhdt. n. Chr., also in die Frühzeit der römischen Besetzung des Wiener Stadtgebietes. Diese ist auch durch ein Großgefäß mit Wellenbandverzierung am Rand und an der Schulter (Spiegelgasse 15—Seilergasse 16, 1911), durch den Grabstein des C. Atius (Abb. 1), durch Grabbeigaben vom Hügelgräberfeld bei der Siedlung Jägerwald (Hütteldorf), ferner durch ein Bronzetafelfragment (Abb. 2) aus der Zeit des Kaisers Galba (Am Hof 4, 1913), durch drei Grabsteine des 1. britannischen Reiterregiments und durch die Grabplatte des Mogetius (Inzersdorf, Wienerberger Ziegeleien, 1917) vertreten[16]. Das Gefäß entspricht in der Form wie auch der Verzierung nach — Wellenbänder wurden ebenso wie Kammstriche mit einem mehrzinkigen Knochenspatel ausgeführt — der Keramik der jüngsten Latènezeit. Zunächst arbeiteten einheimische Töpfer für die Besatzung, später übernahmen römische die keltischen Formen und Verzierungen.

C. Atius[17], Soldat der 15., in Carnuntum stationierten Legion, hatte zehn Dienstjahre hinter sich, als er mit 28 Jahren starb. Er war im aniensischen Landbezirk eingetragen, stammte also aus Cremona oder Vercellae (Vercelli) oder aus Forum Julii (Frejus). Der Schriftcharakter, die Nichtverdoppelung der Konsonanten und das fehlende Cognomen lassen den Stein in die 1. Hälfte des 1. Jhdts. datieren. Der Fundort des Grabsteines, von dem bloß der Inschriftenspiegel erhalten blieb, ist unbekannt. Das Original — zu sehen ist ein Zementabguß — befindet sich in der Antikensammlung des Kunsthistorischen Museums.

Unter den Beigaben vom Hügelgräberfeld in Hütteldorf[18] ist besonders die Ware einheimischer Tradition hervorzuheben, die in den 1950 freigelegten 23 Gräbern überwiegend vertreten war. Doch auch das typisch provinzialrömische Inventar an Keramik, Gläsern usw. war in so beachtlichem Maße vorhanden, daß es lediglich durch den Handel, ohne Anwesenheit einer Besatzung, nicht zu erklären ist. Die Gräber fallen, ihrer primitiven Form nach zu schließen — meistens handelt es sich um einfache Grabgruben ohne Steinkranz —, in das 1. Jhdt. Im Hinblick auf die Beigaben dürften die Belegungen um 50 n. Chr. begonnen haben. Das oben erwähnte Bronzetafelfragment[19] weist die Reste einer Inschrift auf, die in der letzten Zeile den Kaiser Galba erwähnt. Es handelt sich offenbar um eine von ihm erlassene Verordnung, die, nach dem unteren Ende zu schließen, in einen Rahmen gesetzt war. Da das Legionslager zu dieser Zeit noch nicht bestand, ist die Tafel auf ein Auxiliarlager zu beziehen, das sich nahe dem Plateau um den Hohen Markt, unweit der Stallburg, erstreckt haben muß. Mit dem Baumaterial dieses Lagers, das vermutlich zur Errichtung des Legionslagers wiederverwendet wurde, gelangte das Bronzetafelfragment offenbar in dessen Bereich. Die Museumsabteilung besitzt auch den Grabstein des T. Flavius Draccus (Abb. 4)[20] und aus dem Grabinhalt eine Lanzenspitze (Abb. 83), die mit dem in einer grauen Tonurne befindlichen Leichenbrand und einem doppelhenkeligen Terranigra-Schälchen in der Habsburgergasse 9 (1901) gefunden wurde. Das obere Bildfeld des Grabsteines zeigt die Protome des Verstorbenen in einer Flachnische, umrahmt von einem breiten Lorbeerkranz, das untere den Pferdeknecht, der das im Paßgang nach rechts schreitende Pferd mit der rechten Hand am Zügel führt. Die linke umfaßt drei Lanzen und einen ovalen Schild. Das Pferd ist gesattelt, der Scheitel des Kopfes mit einem Buschen geziert. Je eine Säule mit überhohem Sockel und baumkronenähnlichem Kapitell rahmen das Bildfeld ein und zeigen mit dem flachen Dreieckgiebel den Einfluß des einheimischen Grabtempels an. Auf die einheimische Bevölkerung weist auch die Flachgründigkeit der Gliederungselemente der beiden Delphine im Giebel und der bildlichen Darstellung. Alle Reliefteile zeigen Bemalung auf weißem Stuck. Die Inschrift besagt, daß T. Flavius Draccus, der als Sequaner Reiter des 1. britannischen, flavischen und domitianischen Reiterregiments von 1000 Mann war, nach 22 Dienstjahren im Alter von 45 Jahren starb. Photos von den verschiedenen Grabsteinen des T. Flavius Verecundus und T. Flavius Barbus (Stallburg, 1559)[21] nach Stichen Lautensacks

83. Lanzenspitze aus dem Grab des T. Flavius Draccus

vermitteln nur eine ungefähre Vorstellung, wie der Vergleich mit anderen zeichnerischen Wiedergaben erkennen läßt. Die Grabplatte des Mogetius [22], die durch die Namen auf das einheimische Bevölkerungselement hinweist, war zum Einlassen in eine Mauer bestimmt, deutet also auf ein Grabhaus hin.

Eine Vorstellung des Legionslagers auf dem Plateau um den Hohen Markt vermitteln Funde wie ein Verkleidungsquader von der Lagermauer, der die *centuria* des Annius Rufus von der 13. Legion nennt [23]. Er wurde im Lagergraben (Rabensteig 2, 1902) gefunden. Ein anderer von einem Lagerturm, der die *centuria* des Terentius Iverna von der 14. Legion erwähnt [24], kam ebenfalls im Lagergraben zum Vorschein (1911). Dazu kommen noch sechs andere, inschriftlose *alla rustica* bearbeitete Verkleidungsquader der Lagermauer (Rabensteig, 1902—1905), zwei Zinnen (Rabensteig 2, 1902) und zwei halbzylindrische Zinnenhelme (Rabensteig 2, 1902, Graben—Jungferngasse, 1904) [25], zwei profilierte Sockelquader, drei Unterlageplatten und ein Pfannenstein (Wipplingerstraße 21, 1900) [26] vom südlichen Flankenturm (Abb. 52) der *porta principalis sinistra* sowie 14 Piloten aus Eichenholz von der Verpfählung beim Lagergraben (Rabensteig, 1902) [27]. Ein 1937 zum Vorschein gekommenes Säulenkapitell (Fütterergasse) mit Viereckvoluten (Abb. 84) und neunteiligem Blätterkranz [28] stammt von einer der Laubenhallen der *via principalis.* Sein unterster Teil zeigt, daß der Säulenschaft aus Ziegeln zusammengesetzt war. Zur Lagerhauptstraße dürften auch zwei Kanalgittersteine zu rechnen sein, der eine mit vierteiliger (Wipplingerstraße 14, 1902) [29], der andere mit sechsteiliger Ablaufrosette (Wipplingerstraße 12, 1937) [30]. Ein dritter mit dreiteiliger Rosette stammt aus dem Tribunenhaus Hoher Markt 4.

Auf eines der sechs Tribunenhäuser geht der Altar des *beneficiarius laticlavius* Aelius Valentinus (Rabensteig 1, 1904) [31] zurück, der ihn dem Jupiter zum Wohlergehen des Kaisers setzte. (Der *beneficiarius laticlavius* zählte zum Kanzleipersonal eines Tribunen.) Zu einem anderen Tribunenhaus gehört der verschollene, dem Jupiter und

84. Schausammlung der Ur- und Frühgeschichtlich

bteilung des Historischen Museums der Stadt Wien

Sarapis als auch zum Wohle des Kaisers Septimius Severus und seines Mitregenten Caracalla von dem Tribunen T. Fl. Quirinalis Maximus der 10. Legion gesetzte Altar (Wipplingerstraße, 1493)[32]. Und gleichfalls mit einem Tribunenhaus dürfte der Torso einer weiblichen Statue (Wipplingerstraße—Schwertgasse, 1898)[33] aus Sandstein in Zusammenhang stehen.

Die *principia*, das Legionskommando der Kaiserzeit, entsprach dem Typus des griechischen Peristylhauses: den Mittelteil bildete ein Hof, den schmale Säulenhallen begleiteten. An sie schlossen Reihen kleiner Kammern an. Gegenüber dem Haupteingang, über dem in der Regel die Bauinschrift des Lagers angebracht war, befand sich das Lagerheiligtum, in dem sich außer den Feldzeichen der Legion auch Darstellungen der obersten drei Staatsgottheiten, Jupiters, Junos, Minervas, und des Divus Augustus befanden. Nach einem in der Rotgasse 4 im Jahre 1896 gefundenen Bruchstück[34] — zu sehen ist ein Zementabguß (Abb. 84) des in der Antikensammlung des Kunsthistorischen Museums befindlichen Originals mit den Buchstaben NERV — muß die Lagerbauinschrift eine Länge von rund 6,50 Meter und eine Höhe von etwa 1,50 Meter gehabt haben. Die Rekonstruktion von Polaschek beruht noch auf der Kombination mit Resten der monumentalen Inschrift, die bis 1765 im Turm der alten St.-Ägydi-Kirche in Gumpendorf zu sehen waren[35]. Aus dem Lagerheiligtum stammen offenbar ein Jupiterhochrelief (Rotgasse 4—Rotenturmstraße 19, 1896, Abb. 85)[36] und das Flachrelief eines Stierbildes der 10. Legion (Kramergasse 4—6, 1895, Abb. 40)[37], beide aus Kalksandstein. Auf den Legatenpalast, das Wohnhaus des Legionskommandanten, ist möglicherweise ein Gebälkstück aus Marmor (Rotgasse 4, 1896) zu beziehen[38], dessen oberste Unterschneidung zu einem Eierstab herausgearbeitet wurde, und sicher auch ein Malereibruchstück *al fresco* mit der Darstellung des Hephaistos, der für Archilles die Waffen schmiedet (Judenplatz, 1907)[39]. Von einer vergoldeten Bronzehohlgußstatue, die im Bereiche der *principia* aufgestellt war, stammt das Fragment eines linken Auges (Hoher Markt 3, 1948)[40].

Kulträume beziehungsweise Kultnischen gab es offenbar in allen Bauten des Lagers. Aus dem Lagerspital stammt der dem Jupiter, Apollo, Sirona und Aesculap von dem Zenturio der 10. Legion, P. Aelius Lucius, gesetzte Altar (Salvatorgasse, 1951)[41], aus der Kaserne der *centuria* des *primuspilus* der am Bauernmarkt 9—Wildpretmarkt 6 im Jahre 1900 gefundene Marmortorso der Statuette des Genius (Abb. 45) dieser Abteilung, die der Waffenmeister *(custos armorum)* Iulius Proclianus setzte[42]. Nicht geklärt ist die Zugehörigkeit von vier Teilen eines Reliefs (Abb. 39a, b) aus Kalk-

85. Jupiterrelief aus dem Lagerheiligtum

sandstein, die das Haupt der Medusa im Strahlenkranz und Waffen zeigen[43].

Von den Bauten des Legionslagers sind viele Ziegel vorhanden. Bauziegel von keilschnittförmigem Querschnitt dienten zu Bogen- und Gewölbekonstruktionen, von rechteckigem zur Herstellung von Mauerzügen, von runder Form zu der von Suspensurpfeilern in den Hypokausten. Für diese Pfeiler wurden zunächst ausschließlich Rundziegel verwendet, später aber auch eckige und solche mit

86. Stirnziegel mit Adler

keilschnittförmigem Querschnitt. Die Hohlziegel hatten quadratische oder rechteckige Hauptöffnungen, sie waren für die Wandheizungsvorrichtung bestimmt. Durch sie strich die Warmluft; deshalb hatten auch ihre Seitenteile drei- oder rechteckige oder ovale Lochungen. Hohlziegel ersetzten in der Spätzeit die Suspensurpfeiler, wie die gotisch-alanische Wiederinstandsetzung in einem der beiden Tribunenhäuser (Hoher Markt 3) um 400[44] beweist. Die Leistenziegel waren in erster Linie Dachziegel, sie dienten aber auch in den Kanälen als Sohlenbelag. Ineinandergeschobene Firstziegel bildeten den First des Daches und wurden auch als Deckziegel über je zwei anliegenden Leisten der Dachziegel verwendet. Kennzeichnend für das Lager sind Stirnziegel mit Soldatengesichtern oder mit dem Legionsadler, der im Schnabel ein Kränzchen hält (Abb. 86). Von den Soldatengesichtern zeigt eines die Inschrift L·X·G (siehe Umschlagbild) über der Helmlasche (Kurrentgasse 3, 1907)[45]. Die Ziegel wurden zum Teil gestempelt; sie tragen vorwiegend die Stempel der 13., 14. und 10. Legion, Einheiten, die, wie gezeigt, auch aus anderen Funden als Garnisonstruppen Vindobonas bezeugt sind. Aber auch Stempel anderer Truppenkörper sind vertreten, und zwar der *legio II Italica*, der *legio XV Apollinaris*, der *legio*

VII Gemina, der *legio I Adiutrix*, der *legio II Adiutrix*, der *legio XXX Ulpia*, der *legio VII Claudia* und der *cohors I Publia Aelia sagittariorum*. Diese Ziegel sind nur in geringer Zahl vertreten. Die angeführten Einheiten lieferten offenbar nur bei Bedarf Ziegel nach Vindobona, wie auch zivile Fabrikanten dem Militär aushalfen und umgekehrt. Lediglich bei der 15. Legion könnten die Ziegel im Hinblick auf das Grabsteinfragment des C. Atius mit einem kurzen Aufenthalt eines Teiles dieser Truppe in Vindobona zusammenhängen.

Die Untersuchung des reichen Ziegelmaterials, das die Museumsabteilung verwahrt und das größtenteils aus dem Lager und Lagerterritorium stammt, führt zu Fragen, die sich derzeit nicht beantworten lassen[46]. So ist etwa das genaue Verhältnis von gestempelten und ungestempelten Ziegeln nicht bekannt. Dies liegt nicht allein daran, daß in der Regel von den verschiedenen Fundstellen nur gestempeltes Material aufbewahrt wird, sondern auch in der Zufälligkeit des Fundbildes. So war die Sohle des Am Hof 9 im Jahre 1953 aufgedeckten Stückes des Lagerhauptkanals fast nur mit Dachziegeln ausgelegt, die je einen oder zwei Stempel der 13. Legion tragen[47]. Doch überwiegen den Erfahrungen zufolge im Wiener Bereich die ungestempelten Ziegel die gestempelten bei weitem.

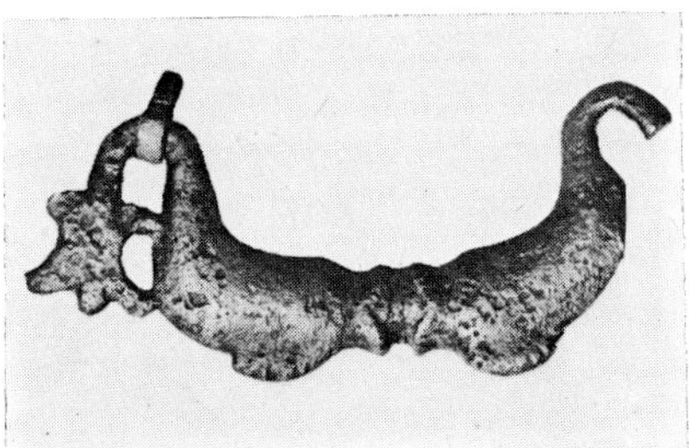

87

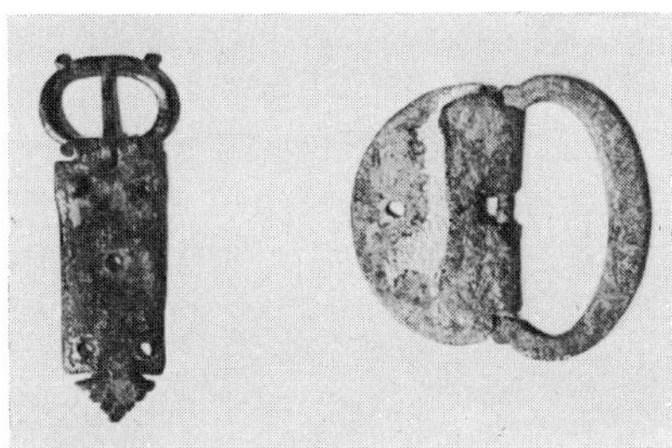

88a b

89

Beispiele von Kleinfunden aus dem Lager und dem Lagerterritorium, Teile der Ausrüstung.
87. Helmtraggriff aus Bronze in Delphinhenkelform;
88a, b. Bronzeschnallen (a mit Scharnierband aus vergoldeter Bronze, b in D-Form); 89. Messer aus Eisen

Welche Bedeutung die ein- oder mehrmalige Stempelung hatte, ist derzeit ebensowenig bekannt wie die der Signierung einzelner Ziegel mit Wischzeichen.

Unter den zahlreichen Kleinfunden aus dem Lager und Lagerterritorium sind Teile der Ausrüstung besonders hervorzuheben. So gibt es Helmtraggriffe (Abb. 87) aus Bronze in Delphinhenkelform (z. B. Am Hof 14, 1913)[48], drei Teile eines *gladius* (Hoher Markt 3, 1959) aus Eisen[49], des zweischneidigen Schwertes des Legionärs im 1. und 2. Jhdt. n. Chr.[50], sowie Reste von verschiedenen Panzerhemden[51]. Von einem Schuppenpanzer *(lorica squamata)* ist eine 1,4 Zentimeter lange wappenförmige Bronzeschuppe (Salvatorgasse, 1951) mit Löchern in zwei Reihen und einer Niete zu nennen[52], von anderen Schuppenpanzern Eisenblechschuppen, die ebenfalls Nieten und Löcher aufweisen[53]. Ob das Bronzemonogramm Æ (Parisergasse, 1907)[54] zu einer Schwertscheide gehört, ist fraglich. Zum Riemenwerk zählen offenbar Bronzeschnallen, darunter eine vergoldete mit Scharnierband (Parisergasse, 1907, Abb. 88a)[55], eine in D-Form (Am Hof 14, 1913, Abb. 88b) und eine hufeisenförmige (Brandstätte 8a, 1904)[56], ferner eine kahnförmige, mit Linien verzierte Riemenschlaufe (Jakobergasse 3, 1910)[57], Gürtelzungen aus Bronzeblech (z. B. Schulhof—Parisergasse, 1907) und ein Steckknopf aus Bronze (Am Hof 14, 1913). Nicht zur Ausrüstung, jedoch zu den Utensilien eines jeden Soldaten gehörten Messer (Abb. 89, Bognergasse 1, 1901, Hanuschgasse 1950/51)[58] und Spielsteine. Letztere sind zylinderförmige aus Ton (Rotgasse 4), aus gebranntem Lehm (Hoher Markt 3, 1948/49)[59], aus dem Wirbelknochen eines Fisches (Judenplatz—Parisergasse, 1907)[60], kugelzonenförmige (Judenplatz—Parisergasse, 1907)[61] und würfelförmige aus Bein (Am Hof 14, 1913). Ausrüstungsstücke und Utensilien sind oft signiert, das heißt es sind der Truppenteil und der Besitzer des Stückes angegeben. Ob darauf ein am Hohen Markt 3 im Jahre 1948/49 gefundenes Bronzeblättchen mit Inschrift bezogen werden darf, ist fraglich. Sicher aber zählt hiezu der Mühlensteinläufer vom Bauernmarkt 9 (1900) aus Basaltlava mit der Inschrift > CANNIS MAX CONIMM.

Zum Lagerterritorium, und zwar zum Friedhof, gehört der Grabstein des P. Titius Finitus (Abb. 16)[62]. Es handelt sich um einen Abguß aus gefärbtem Gips, der, abgesehen von anderen Momenten, nicht nur wegen der Bekleidung der dargestellten Personen, sondern auch wegen des wahrscheinlichen Aufstellungsortes interessant ist. Man kennt zwar den Fundort, doch die Aufstellung bei der Stephanskirche spricht für den ursprünglichen Standort im Lagerfriedhof. P. Titius Finitus und seine Familie dürften also zu den Bewohnern des Lagerterritoriums gezählt haben. Sie unterstanden der Befehlsgewalt des Legionskommandanten und wurden, wie auch Forschungen in Carnuntum zeigten, aus diesem Grund auf dem Lagerfriedhof bestattet. Daß sie aus ihren Handelsbeziehungen mit der Legion geschäftlichen Gewinn gezogen haben, dafür spricht die Anfertigung des Grabsteines — dessen Original in der Antikensammlung des Kunsthistorischen Museums aufbewahrt wird — aus Marmor.

Eine Sandsteinciste (Augustinerstraße 6—Staatsoper, 1874) [63] zeugt davon, daß Sarkophage nicht nur für Körperbestattungen, sondern auch zur Aufnahme von Leichenbrand dienten. Der seit 1945 abhanden gekommene Inhalt bestand außer einer Schale, einer Tonlampe und einem Sesterz des Kaisers Severus Alexander (222—235) auch aus Leichenbrandresten. Ein mit Akanthosblättern eingefaßter Pinienzapfen aus Kalksandstein (Rotgasse 8, 1895/96, Abb. 84) [64] war, nach den Dübellöchern zu schließen, auf einer hohen Stelle montiert und stellte offenbar die Bekrönung eines imposanten Grabmales dar, das vermutlich im Bereiche des Fleischmarktes lag. Von hier stammt auch ein verschollener Sarkophag (Fleischmarkt 2, 1759), der der Inschrift auf dem Deckel nach zur Bestattung der Aurelia Secundina diente [65]. Den Fundangaben zufolge befanden sich im Sarkophag insgesamt vier Skelette. Ein noch in Teilen vorhandener zweiter Sarkophag (Fleischmarkt 19, 1899) [66] hatte Wände aus Sandsteinplatten, während der Boden aus Ziegeln bestand. Im Inneren gab es eine polsterartige Erhöhung aus Weißmörtel und Ziegelmehl mit zwei halbbogenförmigen Vertiefungen für die Köpfe der Beigesetzten. Zwischen den Häusern Fleischmarkt 18 und 20 stand auch ein Gebäude, aus dem Wandmalereiproben stammen und das — da in nächster Nähe ausschließlich Gräber festgestellt wurden — entweder ein Grabhaus war oder auf sonst irgendeine Weise dem Totenkult diente [67].

Ein verschollener Grabstein (Stadtgraben, vor 1551) [68] war dem Cattius Romulus, Waffenmeister der 10. Legion, gesetzt. Dieser stammte aus Augusta, wahrscheinlich Vindelicorum (= Augsburg). Vom Gräberfeld sind noch zwei Sarkophage, Monolithe aus Sandstein, zu erwähnen, der eine (Jakobergasse 3, 1910) [69] mit halbkreisförmig ausgeschnittenem, erhöhtem Kopfende — sein Inhalt ging im Verlauf der letzten Kriegsereignisse 1945 verloren —, der andere (Minoritenplatz, 1937) ohne Kopfauflage [70]. Im Jahre 1952 wurde er bei der Räumung des Lapidariums des ehemaligen Römischen Museums aus musealen Gründen ausgeschieden.

Im Bereich des Lagerterritoriums waren auch Altäre aufgestellt; so der dem Jupiter gewidmete des L. Lollius Clarus (Kärntner Straße 27 — Himmelpfortgasse 2, 1906) [71], der noch mit einem zweiten und verschiedenen Kleinfunden zusammen gefunden wurde; ferner jener wuchtige, allen Göttern und Göttinnen gesetzte (Abb. 41 a, b, c), der bei der Wienflußregulierung 1899 nahe der Finanzlandesdirektion zum Vorschein kam[72]. Er ist insofern von Bedeutung, als er die Regulierung der Wien durch die Römer (233) bezeugt, was nicht nur in der Inschrift, sondern auch in der bildlichen Darstellung zum Ausdruck kommt. Von den Hauptreliefs zeigt eines den Gott Neptun, der seinen linken Fuß auf einen gehörnten Männerkopf, den personifizierten Wienfluß, zum Zeichen von dessen Bändigung setzt, ein anderes stellt den Schlußakt, einen opfernden Offizier, dar, offenbar den Oberkommandierenden der von der 1. norischen aus Favianis (Mautern) und 10. Legion zu den Arbeiten abkommandierten Abteilungen. Ob neben der Regulierung auch eine Naumachie angelegt wurde, geht aus der von der Wien stark ausgewaschenen Inschrift nicht mit Sicherheit hervor.

Zu erwähnen ist ferner der der Fortuna Conservatrix, dem Ortsgenius, und zu Ehren des Legionstribunen der 10. Legion, Fl. Munatius Tiberianicus, von dem *cornicularius laticlavius* Tiberius Claudius Valentinus gesetzte Altar (Riemergasse 7, 1553)[73]. (Der *cornicularius laticlavius* war der Bürovorstand eines Legionstribunen aus dem Senatorenstand.) Die Weihe dieses verschollenen, im Bereich des ehemaligen Klosters St. Jakob gefundenen Denkmales erfolgte am 28. Mai 249. Worauf sich der dem Neptun von dem *centurio* der 10. Legion, C. Vibius Celer, gesetzte Altar[74] (Schwertgasse—Wipplingerstraße, 1898) bezog, ist nicht klar: vielleicht auf die römische Brücke über den Tiefen Graben, wahrscheinlich aber auf den Militärhafen bei der späteren Kirche Maria am Gestade.

Ein in der Antikensammlung des Kunsthistorischen Museums befindlicher Altar (Annagasse 3, 1893) wurde von L. Minicius Honoratus, Fahnenträger der 10. Legion, dem Silvanus, den Silvanen und den Quadrubien gesetzt[75]. Silvanus und die weibliche Trias der Silvanae, auch Nymphae und Quadriviae (Quadribiae, Quadrubiae) genannt, wurden in den illyrischen Provinzen besonders verehrt. Beide gingen aber auch eine Kultgemeinschaft ein *(Silvanus et Nymphae, Silvanus et Silvanae)*, die bis zur Bezeichnung *Silvani silvestres* gesteigert wurde. Von der Verehrung der Silvanae und Quadrubiae und von der Bauart ihrer Kapellen zeugen zahlreiche Bleireliefs.

Auch M. Aurelius Titus, *beneficiarius* des Legaten, also offenbar des Legionskommandanten, setzte den obersten Göttern, Jupiter, Juno und Minerva, sowie allen übrigen einen Altar (Kärntner Straße 27—Himmelpfortgasse 2, 1906)[76]. Jener der Garginia Procula (Schauflergasse—Herrengasse, 1897)[77], welcher sich in den Jahren um die Jahrhundertwende im Palais Herberstein in Brünn befand, ist dem Silvanus domesticus, also dem Beschützer der ländlichen Hauswirtschaft, geweiht, dem anderen Silvanus hingegen der Altar des Hemilius Quintus (Rathausplatz, 1879)[78], der, mit Mauerwerk und römischem Ziegelmaterial, möglicherweise auf einen römischen Bau Ecke Stadiongasse—Ring hinweist. Interessanter ist der verschollene Apolloaltar vom Neuen Markt 8, 8a (1585—1588), den Claudia Attuia zu ihrem Heil und dem ihrer Söhne setzte[79]. Der eine Sohn, Ulpius Secundus, war Angehöriger der *ala I Frontiniana Tungrorum*, der andere, Ulpius Augurinus, Soldat der 10. Legion. Der Aufenthalt der *ala* in Ober- und Unterpannonien ist, außer durch Militärdiplome, auch durch Grabsteine belegt. Daß der Altar Apollo und den Nymphen geweiht war, deutet auf eine warme Quelle im Bereich des Neuen Marktes hin.

Mit der Lagervorstadt, die aus den *canabae legionis* entstanden war, stehen ein Sarkophag vom Votivkirchenpark (1879, Abb. 84)[80] und ein dem Silvanus geweihter Altar (Votivkirchenpark, 1960) in Zusammenhang[81]. Was den Sarkophag betrifft, so weist er auf das zur Festungsvorstadt gehörende Gräberfeld im Votivkirchenpark hin. Der Silvanusaltar wurde von Soror, dem Sklaven des Nio, der in der Getreideverwaltung von Noricum als *dispensator* tätig war, gesetzt. Ob er mit der anfangs wechselnden Ostgrenze von Noricum bzw. der Westgrenze von Pannonien in Zusammenhang steht — auch der verlorengegangene Altar eines *beneficiarius* des Statthalters von Noricum könnte dafür in Anspruch genommen werden —, muß mangels ausreichender Indizien offenbleiben. Hierher gehört auch der dem Jupiter und zum Wohle des Kaisers gesetzte Altar des Veteranen der 10. Legion, Atilius Severus (Schottenring 10, 1872), aus dem Besitz F. von Luschans (Berlin)[82].

Aus dem Zentrum der Zivilstadt stammen der Marmortorso der Statue eines Jupiter oder Divus Augustus (Kanalhafen von St. Marx, beim Bau der Verbindungsbahn zwischen Aspangbahnhof und Hauptzollamt, 1849) sowie der rechte Fuß einer überlebensgroßen Bronzestatue und der Finger einer anderen Statue aus demselben Metall (beide aus St. Marx, Bau des Wiener Neustädter Kanals, 1798—1803). Der Marmortorso (Abb. 42)[83] befand sich vermutlich im Staatstempel. Er gehörte zu einer stehenden männlichen Statue mit nach rechts gewandtem Haupt, dessen Haar eine bis auf die rechte Schulter herabfallende Binde zierte. Das rechte Bein war vorgesetzt, die rechte Hand erhoben. Auffallend sind die Brustwarzen, die auf das Vorbild einer Bronzestatue hinweisen, an der sie eigens eingesetzt waren. Nimmt man das nicht zu starke Hervortreten der Muskulatur und deren linienmäßige Betonung hinzu, so scheint ein Werk griechischen Stils aus dem zweiten Viertel des 5. Jhdts. v. Chr. vorzuliegen, das in einer Zwischenstufe der Bildhauer der Jupiterstatue oder der eines Divus Augustus Ende des 2. oder Anfang des 3. Jhdts. n. Chr. nachahmte. Der überlebensgroße Fuß (Abb. 14) von einer Bronzehohlgußstatue und der Finger mit Ring (Abb. 15) von einer Bronzevollgußstatue stammen wahrscheinlich vom Forum [84]. Aus dem Zentrum der Zivilstadt kommt auch die ägyptische Sitzstatuette des Propheten Hapicha (Abb. 20) aus grauem Granit (St. Marx, beim Bau des Wiener Neustädter Kanals, 1798—1803) [85], die sich in der Ägyptischen Sammlung des Kunsthistorischen Museums befindet. Den Hocker, dessen rechte Hand größtenteils abgebrochen ist, ziert vorne der Kopf der Göttin Hathor. An den Seitenflächen und auf der Rückenpartie verläuft die in hieratischen Schriftzeichen abgefaßte Inschrift. Daraus geht hervor, daß das Objekt in die Zeit der XX. Dynastie (1260—1100 v. Chr.) fällt; es ist damit das älteste Denkmal mit Inschrift aus dem Wiener Stadtgebiet. Wahrscheinlich ist diese Statue wie auch während des Krieges in der Lobau ausgegrabene Bruchstücke ägyptischer Stelen, die gleichfalls in der Ägyptischen Sammlung des Kunsthistorischen Museums verwahrt werden, durch den Handel nach Vindobona gelangt, wo sie, wie heute altindische Buddhastatuen, die Wohnung eines Neureichen geziert haben mag.

Aus dem Zivilstadtzentrum stammt ferner der Teil eines rechten Kinderfußes aus Marmor (Stanislausgasse—Obere Bahngasse, 1905), aus dem Gräberfeld der Altstadt ein Sandsteinzylinder mit Reliefs (Dapontegasse 5, 1907) [86]. Von diesen sind nur die unteren Partien erhalten, doch lassen sich einwandfrei ein von Löwen gezogener, vierrädriger Wagen mit Deichsel und erhöhtem Rücksitz sowie Reste von menschlichen Gestalten erkennen. Vor den Vorderfüßen des Löwenpaares sind auf einer durch Wellenlinien angedeuteten Wasserfläche eine Barke mit einer Frauengestalt und zwei schwimmende Meergötter zu sehen. Es handelt sich hier offenbar um Darstellungen aus dem Dionysos- und Poseidonkult, womit die Beziehung zum Totenkult hergestellt ist. Eine zapfenartige Fortsetzung an der Unterseite des Zylinders zeigt, daß dieser in einen Sockel eingelassen war.

Aus der Neustadt von Vindobona stammt ein Mithrasrelief aus Marmor (Botanischer Garten, 1950, Abb. 48) [87], das die übliche Darstellung des stiertötenden persischen Lichtgottes mit den beiden Dadophoren, den Brustbildern von Sol und Luna, ferner mit der Felsgeburt des Gottes sowie Mithras auf dem Stier reitend und dann diesen wieder tragend zeigt. Auf der Predelle, der obersten Altarstufe, folgen (von links nach rechts) Sol mit Chronos (letzterer als

90. Malereiprobe aus einem Haus der Neustadt

eine Gestalt mit Löwenkopf), Sol und Mithras beim Mahl und schließlich die Himmelfahrt beider auf dem Wagen Sols. Die Ausführung ist grob und umrißhaft. Schon daraus ergibt sich, daß hier ein ursprünglich vermutlich bemaltes Exemplar jener Massenware vorliegt, die bescheidenen Ansprüchen genügen sollte und billig zu erstehen war. Hervorhebenswert ist die seltene Darstellung links auf der Predelle, die daran erinnert, daß nicht Mithras der oberste Gott jener Religion war, der er den Namen gab, sondern Chronos (*Χρόνος*), die unendliche Zeit. Sie wurde nach einem orientalischen Prototyp als Ungeheuer mit Löwenkopf dargestellt.

Zu erwähnen ist auch der dem Merkur gesetzte Sandsteinaltar des M. Cassius Severus (Rennweg—Marokkanergasse 25, 1843) [88], der sich in der Antikenabteilung des Kunsthistorischen Museums befindet. Ein *al fresco* bemaltes Stück (Abb. 90) mit zwei durch je zwei Doppelmaschen befestigte Girlanden in roter und hellgrüner Farbe auf weißem Grund, umrahmt von blauen und roten Parallelstreifen (Rennweg 14, 1903/04) [89], gibt eine gute Vorstellung von der Innenausmalung der Häuser der Neustadt.

Von den Friedhöfen sind mehrere bedeutsame Funde zu verzeichnen. Aus jenem am Karlsplatz stammt der Inschriftstein der Begräbnisstätte eines Vereines (Karlsplatz 4, 1860—1862)[90], deren Stifter Gellius Ianuaris hieß. Der obere Teil der Platte ist nicht erhalten, es fehlen also die Angaben über die Größe der Grabstätte. Ein Bruchstück eines Grabsteins (Wienflußbett im Bereich des Karlsplatzes, 1898) erwähnt einen Titius Successus, Veteranen der 10. Legion, der mit seinen Kindern T. Successus, T. Lucillianus und T. Potitiana seiner Gattin Lucilla dieses Denkmal setzte[91]. Über dem Inschriftenfeld befand sich eine Nische, von der nur der unterste Teil erhalten blieb. Er zeigt fünf Füße; es waren daher drei Vollfiguren dargestellt.

Dem Kreis des gedienten Militärs gehörten sicher auch jener Bestattete oder jene Verstorbenen an, denen ein Grabstein bestimmt war, dessen erhaltenes Fragment (Rechtes Wienufer gegenüber der Akademiestraße, 1898) außer geringen Resten der Inschrift noch die Darstellung eines Kranzes mit Tänien zeigt[92]. Daß die Veteranen in der Zivilstadt Vindobona eine große Rolle spielten und hier bis in die höchsten Verwaltungsstellen gelangten, ist, wie aus anderen Beispielen hervorgeht, als sicher anzunehmen. Drückt sich schon in den angeführten Grabdenkmälern eine gewisse Wohlhabenheit aus, so noch mehr in dem zu einem eindrucksvollen Grabmonument gehörenden Attis- (Karlsplatz 5, 1898) und Perseusrelief (Karlsplatz 5, 1899)[93]. Die Zusammengehörigkeit der beiden (Abb. 10, 11) 1,30 Meter hohen und auch stilistisch in Einklang stehenden Blöcke ist nicht in Frage zu stellen. Unwahrscheinlich hingegen ist ihre Zugehörigkeit zu einem der hier nachgewiesenen Grabhäuser, von denen sich nicht nur Fundamente, sondern auch Architekturstücke fanden. Zu solchen Häusern gehören vermutlich auch das rechte Eckstück eines Frieses mit Triton und Nereide (Karlsplatz 6, 1898) und das Eckstück eines Quaders mit Flachreliefs (Naschmarkt, 1915)[94].

Was den zweiten, auf dem Arsenalgelände befindlichen Friedhof der Neustadt von Vindobona betrifft, so ist auf zwei Reliefs (Arsenal, 1890/91)[95] hinzuweisen (Abb. 12, 13), von denen das eine einen weiblichen, das andere einen männlichen fliegenden Eroten zeigt. Beide tragen eine Inschrifttafel, die möglicherweise auf einen Sarkophag zu beziehen ist. Der linke Erot hält eine Fackel in der Rechten und eine Schlinge in der Linken, der rechte in der Rechten ebenfalls eine Schlinge, die von einer mit dem Inschriftrahmen verbundenen Pelta ausgeht. Sie weist in ihrer Gestaltung je zwei Enten- und Greifenköpfe auf. Beide Fragmente bildeten mit dem über drei Meter langen und nahezu einen Meter breiten Kyknosrelief aus Kalksandstein (Arsenal, 1890/91, Abb. 17)[96] und dem Silvanusaltar des Soldaten Marclus von der 10. Legion (Arsenal, 1891, Abb. 18)[97], ebenfalls aus Kalksandstein, die Umrahmung eines gemauerten Grabes. In diesem wurden außerdem eine große und eine kleine Tonurne, zwei Tonschalen, vier Zwiebelkopffibeln aus Bronze, ein Glasfläschchen und sieben Kupferdenare des Kaisers Konstantin und seiner Söhne gefunden. Das Kyknosrelief zeigt in der Mitte im Vordergrund den von Herakles-Herkules erschlagenen Sohn des Ares-Mars, den Riesen Kyknos, im Hintergrund den mit erhobener Rechten Frieden gebietenden Hermes-Merkur. Links ist Athene-Minerva dargestellt, die Herakles-Herkules vom Kampf mit Ares-Mars abhält, während ihn Artemis-Diana (rechts) ebenfalls zu hindern sucht. Diese in der Antike beliebte Darstellung wurde keltischen Religionsvorstellungen entsprechend dahingehend geändert, daß der Bildhauer Zeus-Jupiter mit Hermes-Merkur und Aphrodite-Venus mit Artemis-Diana austauschte.

Aus dem Bereich des Landbezirkes der Zivilstadt stammt ein Stück der Wasserleitung (Wundtgasse, 1954)[98]. Es ist bloß der unterste Teil erhalten. Die beiden Bruchsteinmauern sitzen auf einer gemauerten Sohle auf, die wie die Mauern an der Innenseite mit einer 8 bis 15 Zentimeter dicken wasserundurchlässigen Schicht aus Kalk und Ziegelsplitt verputzt ist. Daran schließt sich eine 1 bis 2 Zentimeter starke Sinterschicht, die sich im Laufe der Zeit aus dem Wasser abgesetzt hat. Diese reine Gefällswasserleitung war mit Platten gedeckt und verlief unter der Erde[99]. Von einem zweiten Stück dieser Leitung (Rosenhügel, 1905—1907), das bei der Räumung des Lapidariums des Römischen Museums der Stadt Wien 1952 durch Unachtsamkeit zerstört wurde, sind nur mehr einzelne Bruchstücke vorhanden, doch ist ein Stück derselben Konstruktion und von der gleichen Stelle im Technischen Museum aufbewahrt.

Der Mithrasaltar (Sieveringer Straße 132, 1897) des Soldaten Ulpius Secundus von der 10. Legion (Abb. 47)[100] weist auf ein Mithräum hin und damit auf die Siedlung, deren Entstehen durch den Steinbruch Ried Steinäcker bedingt war. Von den Legionsziegeleien im Gebiete des Bartholomäusplatzes[101] stammen viele Ziegel, von denen die vor der Eröffnung des Museums Vindobonense (am 27. Mai 1903) gefundenen größtenteils in die Antikensammlung des Kunsthistorischen Museums gelangten. Hervorhebenswert sind einige im 18. Jhdt. gefundene, später aber verlorengegangene Ziegel mit dem Stempel der *legio XXX Ulpia*[102], jener Legion, die von Kaiser Trajan nach dem ersten Dakerkrieg aufgestellt wurde und bis nach 114 die Besatzung von Brigetio bildete.

Die Antikensammlung des Kunsthistorischen Museums hält auch zwei Grabsteine aus Sandstein (Vösendorf, NÖ.) in Verwahrung. Der eine, 1848 gefundene, zeigt den mit einem Kittel bekleideten Verstorbenen, wie er mit einem langstieligen, übergroßen, spitzhauenartigen Gegenstand über einem viereckigen, auf zwei Füßen stehenden Block hantiert[103]. Es ist nicht ersichtlich, ob es sich dabei um eine Spitzhaue handelt oder ob der Mann eine Handmühle betätigt. Der Inschrift nach hieß der im Alter von 30 Jahren Verstorbene Amandus. Der Stein, dessen bildliche Darstellung in ihrer Flachgründigkeit und Unbeholfenheit für die einheimische Arbeit bezeichnend ist, wurde ihm von einem gewissen Manertus gesetzt. Der andere Grabstein befand sich im 16. Jhdt. an der Pfarrkirche von Vösendorf[104]. Seine Inschrift besagt, daß Apia Cuma ihn ihrem Vater Cateius und ihrem Bruder Verecundus setzte. Die Büsten beider sind in einer Bogennische im oberen Teile des Steines zu sehen. Hier kommt besonders in der Namengebung das einheimische Bevölkerungselement zum Ausdruck. Auf einem dritten Grabstein aus Sandstein (Maria-Lanzendorf, NÖ., 1849)[105], der sich im Besitz des Museum Carnuntinum in Bad Deutsch-Altenburg befindet, treten beide für das einheimische Bevölkerungselement charakteristischen Momente augenfällig hervor. Er wurde Atpomarus, dem im Alter von 25 Jahren verstorbenen Sohn des Ilo, von seinem Bruder Brogimarus gesetzt. Das Bildfeld zeigt das Porträt des Verstorbenen im Hochrelief in der Mitte, zwischen zwei blasenden Windgöttern, während darunter im Flachrelief ein Reiter dargestellt ist, der einen Eber, den ein Hund verfolgt, mit einem Speer zu treffen sucht (Abb. 91).

Mit den warmen, heilsamen Quellen von Baden hängt der der Salus[106] von P. Geminius gewidmete Sandsteinaltar (Baden, nahe dem Ursprungsbad) im Städtischen Rolettmuseum in Baden zusammen. Bei einem ebendort aufgestellten Reliefquader aus Sandstein, der die Darstellung der Venus victrix trägt (Baden, beim Eichenwäldchen, 1876)[107], handelt es sich offenbar um den Sockelteil eines Grabdenkmals, während ein Sandsteinrelief aus Siegenfeld bei Baden[108] mit der ungeklärten Darstellung eines geflügelten Giganten möglicherweise zu einem Sarkophag gehört. Das Objekt war bis 1945 im Kaiser-Franz-Josef-Museum in Baden zu sehen, ist aber seither von dort ebenso verschwunden wie ein dem Silvanus domesticus von Iulius Severus gesetzter Sandsteinaltar (Baden, Pfarrgasse 1) und noch drei andere unbedeutende Grabsteine aus Guntramsdorf bei Baden[109].

Von den vier in Mödling gefundenen Grabsteinen[110] sei bloß auf den im Niederösterreichischen Landesmuseum aufgestellten des

91. Grabstein des Atpomarus mit zwei blasenden Windgöttern und Jagdszene

Bauarbeiters Reuso (Mödling, Bahnstation, 1884) verwiesen. Utto, sein Sohn, setzte ihm den Stein, dessen oberer Teil in einer Nische die abgemeißelte Büste des Verstorbenen zeigt. Die Namen weisen deutlich auf das keltische Bevölkerungselement hin. — Aus dem Bereich von Dreistetten besitzt das Stadtmuseum von Wiener Neustadt das große Relief eines liegenden Wassergottes aus Leithakalkstein, dessen rechte Hand auf dem Rücken eines Delphins ruht, während die linke auf ein Gefäß gestützt ist[111].

Der Landbezirk war, wie schon erwähnt, verhältnismäßig gut besiedelt[112]. Wandmalereiproben von der Siedlung in Inzersdorf und aus der von Guntramsdorf zeigen, daß es keine wesentlichen Unterschiede in der Zimmerbemalung der Häuser des Landbezirkes und jener des Stadtzentrums gab.

Im Besitz der Antikensammlung des Kunsthistorischen Museums befinden sich mehrere Meilensteine[113], und zwar der in der Gumpendorfer Straße 39 gefundene vom Jahre 252, die fünf bei Inzersdorf

(Kläranlage) 1841 zum Vorschein gekommenen aus den Jahren 143, 201, 249, 253 und 259 sowie der von Vösendorf (Eisgrubfeld, 1820) aus den Jahren 244—247. Im Lapidarium des Klosterneuburger Stiftes hingegen sind jene beiden Meilensteine aus den Jahren 245/46 und 149 zu sehen, die im Verlauf des Stiftszubaues (1834) zum Vorschein kamen[114]. Von allen diesen Objekten ist keines vollständig erhalten. Die ursprüngliche Höhe dürfte rund zwei Meter betragen haben. Die Inschriften erwähnen jenen (oder jene) Kaiser, unter dessen (oder deren) Regierung die Steine gesetzt wurden. Darüber hinaus geben sie die jeweilige Anzahl der Doppelschritte von Vindobona aus an. Diese Maßangaben sind jedoch nicht überall erhalten. Vier von den Inzersdorfer Meilensteinen geben übereinstimmend die Zahl von 4000 Doppelschritten von Vindobona aus an, das sind 6 km, was für den Verlauf der betreffenden Straße entlang der Triester Straße über die Kundratstraße, Wiedner Hauptstraße, Kärntner Straße zum rechten Lagerhaupttor spricht. Von den Klosterneuburger Steinen gibt einer die Entfernung von 5000 Doppelschritten, das sind 7,5 Kilometer, von Vindobona an. Da Klosterneuburg aber 11 Kilometer entfernt liegt, muß dieser Stein ursprünglich südöstlich davon gestanden sein.

Aus dem Lager, der Zivilstadt und dem Landbezirk stammt die häufig vorkommende grau- und brauntonige Provinzialkeramik (Abb. 27—36). Sie wurde in den Töpferöfen von Vindobona hergestellt, wobei keinerlei Unterschiede zwischen Lager- und Zivilstadtware festzustellen sind. Auch von einer eigenen Limesfabrikation kann nicht die Rede sein. Aus der Masse der Urnen, Kannen, Krüge, Becher, Schüsseln, Näpfe, Schalen, Teller und Deckel stechen folgende Objekte hervor: die Dreifußschale (Rennweg 60—62, 1903/04, Abb. 28)[115], die Gesichtsurne (Abb. 34)[116], das Alabastron (Wipplingerstraße 12, 1902)[117], die Sparbüchse (Rennweg 14, 1904)[118] und der Model sowie die Positivausformung eines ithyphallischen Gefäßes mit bärtigem Dionysoskopf als Abguß des in der Antikensammlung des Kunsthistorischen Museums befindlichen Originals (Hofburg, bei der Fundamentierung des Franzdenkmals, 1842)[119]. Auch zwei während des Krieges abhanden gekommene Figurenvasen in der Form norischer Frauen (Abb. 25, 26) sind zu erwähnen[120]. Bei genauer Betrachtung zeigt sich, daß das Geschirr glatt- oder rauhwandig, grob- oder feintonig ist und daß es mehrere Sorten grau- und brauntoniger Keramik gibt[121], darunter auch Importware, wie zum Beispiel eine zweihenkelige Spitzamphora (Hoher Markt 4, 1949) mit dem am Fuß zweimal eingedrückten Stempel GPA[122]. Reine Importware aus Süd- und Ostgallien oder Germanien stellt größtenteils die in Vindobona gefundene verzierte oder unverzierte Terra sigillata und Terra nigra dar. Von der echten, die durch ihren feingeschlämmten, hellroten oder hellgrauen Ton und durch ihren glänzenden, siegellackroten oder grauschwarzen Firnis auffällt, ist die einheimische Nachahmung durch den bodenständigen Ton und den matten Firnis leicht zu unterscheiden. Hervorhebenswert unter der verzierten Terra sigillata ist ein Kumpen (Schauflergasse 2, 1897) aus Lezoux, dessen Wand aus einer Reliefverzierung besteht; sie weist sechzehn Felder auf, von denen je acht eine Einheit bilden. Unter anderem sind Minerva mit Helm und Rundschild und ein Heros mit Helm und Lanze abgebildet. Bemerkenswert sind ferner ein doppelhenkeliger Krug (Stubenring, Kriegsministerium, 1910, Abb. 23c)[123] aus Rheinzabern mit einer Auerbirkhenne als Verzierung auf jeder Gefäßhälfte, ein zylindrischer Fußbecher (Plankengasse 4—Spiegelgasse 17, 1913, Abb. 23a)[124] aus Ostgallien mit eingekerbten Rippen und Rispen, eine Vase (Klimschgasse nächst Rudolfspital, 1910) aus Rheinzabern mit weit voneinander abstehenden Kerbstrichen, ein Kugelbecher mit hohem, abgesetztem Hals (Spiegelgasse 17—Plankengasse 4, 1913, Abb. 23b) und eingekerbten verschiedenen Stengelmotiven in dreimaliger Wiederholung sowie eine Reibschüssel aus Rheinzabern (Minoriten- und Ballhausplatz, 1937)[125] mit einem Randkragen, der durch Efeublätter und Schnörkel *en barbotine* verziert ist. Die unverzierte Terra sigillata ist zum überwiegenden Teil mit Töpferstempeln und Ritzinschriften versehen. Unter der Terra nigra, die durch die Zerstörung des alten Museumsbaues in der Rainergasse 13 empfindliche Verluste erlitt, sind eine Fußvase (Abb. 24) mit zwei gleichgearteten parallelen Horizontalbändern, ein Kumpen mit Rillenverzierung und Längsrippen und, von den Schüsseln und Tellern, jene mit Blattstempeln versehenen zu nennen. In diesem Zusammenhang muß auch auf eine Blattstampiglie (Aspangstraße bei St. Marx, 1908)[126] verwiesen werden.

Die Beleuchtungskörper (Abb. 92—94)[127] umfassen Öllampen, Talglampen und Leuchter aus Ton, aber auch Lampen aus Bronze, darunter die in Form einer sich putzenden Ente (Fleischmarkt 18—22, 1902). Ferner sind ein bronzenes Lampenträgerbruchstück in Greifenkopfform (Judenplatz 7, 1907) und drei Leuchter aus Bronze zu nennen. Einer aus Blei, ein Leuchterdreifuß (Wildpretmarkt 2/4—Bauernmarkt 7, 1904), ist dadurch bemerkenswert, daß der Fuß aus drei stilisierten, mit Satteldecke versehenen Reittieren gebildet wird. Die Zügel sind stegartig bis zum stäbchenförmigen, im unteren Teil verdickten Leuchttassenträger geführt. Auf jedem der stegartigen Fortsätze steht ein Männchen, das die Linke in die Hüfte, die Rechte auf den Leuchttassenträger stützt. Der Hals des Tieres

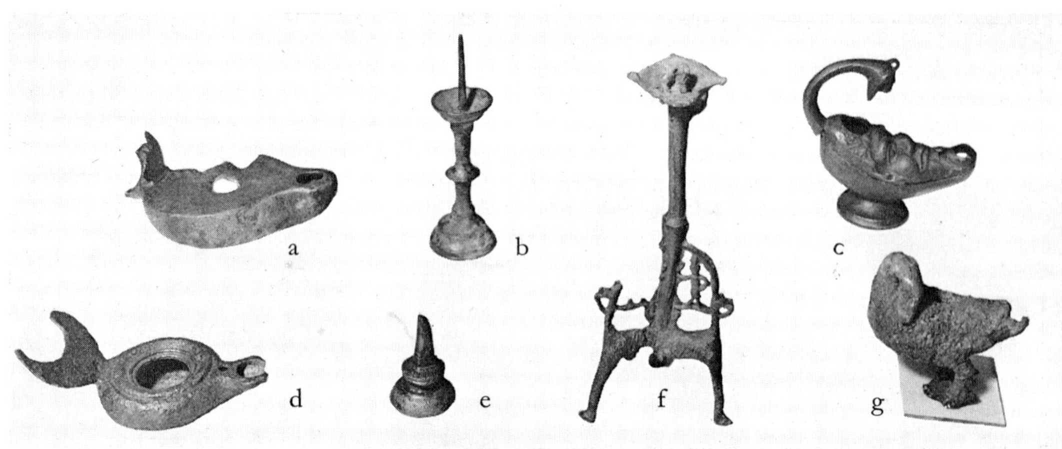

92. Beleuchtungskörper
a Bronzelampe mit kurzhalsiger Rundschnauze von trapezförmigem Abschluß
b Leuchter mit Dorn
c Bronzelampe mit maskenförmigem Oberteil
d Bronzelampe mit halbmondförmigem Griff
e Leuchter mit Dorn
f Leuchterdreifuß aus Blei
g Bronzelampe in Form einer sich putzenden Ente

ist zu einem Viertelbogen über den Kopf des Männchens bis zum Leuchttassenträger ausgezogen. Dieser Bogen ist mit dem Männchen nur in einem Fall vollständig erhalten. Auch von der Leuchttasse und dem Dorn ist nur ein Teil, und zwar ein sehr kleiner, erhalten.

Die Öllampen gliedern sich in Bild- und Firmalampen; sie sind größtenteils gestempelt. Bei den Bildlampen bestehen die Stempel aus Zeichen, bei den Firmalampen meist aus Namen im Genetiv (Atimeti, Decimi, C. Dessi, Fani, Festi, Nari, Neri, Octavi, Pulli, Strobili) oder im Nominativ (Cresces, Ingenus, Litogenes). Manchmal werden beide Fälle angewendet (Agilis, Cerialis und Fortis). Auch Abkürzungen der Namen kommen vor (QGC oder Vibian). Bei einer Lampe findet sich lediglich die Legion im Stempel mit LEG I AD angegeben, bei einer anderen ist dem Namen C. Dessi die Legion in der Abkürzung L·X·G beigefügt. Andere Lampen zeigen außer dem Namen auch Zeichen, zwei bloß ein solches allein. Wie bei der Terra sigillata und Terra nigra wurden die von den italischen Erzeugern eingeführten Lampen von den Einheimischen abgeformt oder nachgebildet. Obwohl es in der Antike keinen Markenschutz gab, kommen solche Erzeugnisse nicht nur mit,

93. Leuchter aus Ton

94. Talg- oder Tiegellampe aus Ton

sondern auch ohne Stempel vor, das heißt die italischen Fabrikanten scheinen die heimische Produktion irgendwie unter ihre Kontrolle gebracht zu haben.

An Gläsern (Abb. 95—98) sind Balsam- beziehungsweise Parfumfläschchen in drei verschiedenen Typen vorhanden, und zwar mit zylindrischen oder sphäroiden oder prismatischen Körpern. Größere Gläser fehlen. Sie fielen 1945 den Bomben zum Opfer. Ob es in Vindobona eine bodenständige Glaserzeugung gab, ist nicht mit Sicherheit festzustellen. Als Importware sind die vorhandenen Gläser zu schlecht.

An Bronzegeschirr — beziehungsweise an dessen Fragmenten — gibt es pannonische Erzeugnisse wie etwa einen eierbecherförmigen Miniatureimer mit halbkreisförmigem Traghenkel und Schwanenköpfen, aber viereckigem Querschnitt, und eine Attache mit Mänadenkopf von einer steilwandigen Schüssel (Plankengasse 4—Spiegelgasse 17, 1913); ferner ist auch Einfuhrware aus der italischen Halbinsel anzutreffen, wie ein Henkelende in Form eines Schwanenhalses (Judenplatz—Parisergasse, 1907) beweist[128]. Zu dieser Ware zählen ferner eine zusammengedrückte Schale in Zylinderform mit

95. Fläschchen aus blaugrünem und Krug aus grünem Glas mit kugelförmigem Körper
96. Schale mit Radialrippen aus farblosem Glas
97. Flasche aus gelbem Glas mit trichterförmigem Hals und kugelförmigem Körper
98. Glasfläschchen mit langgezogenem Hals aus grünem Glas

95

96

97

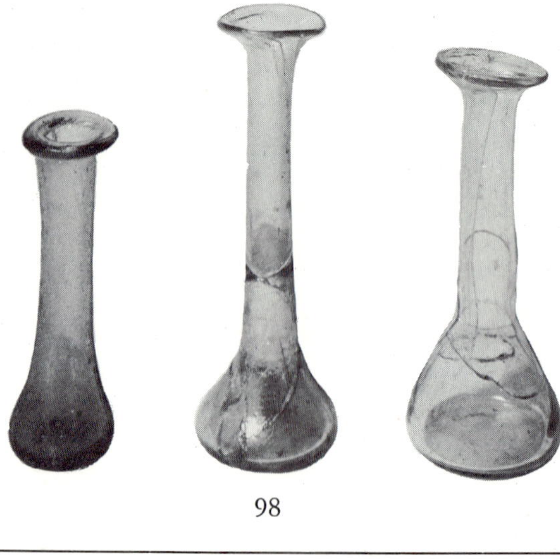

98

99

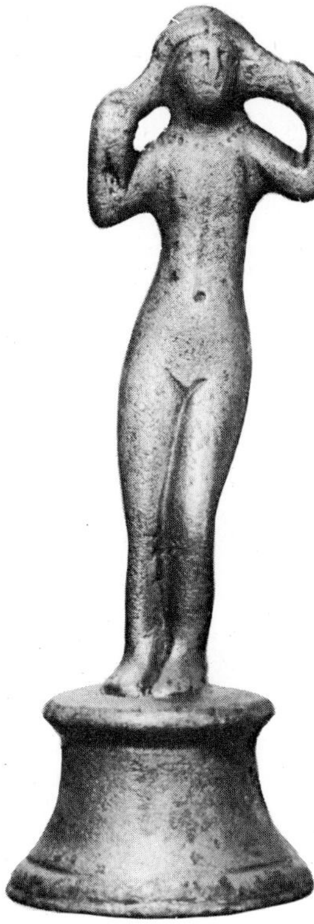

100

101

102a

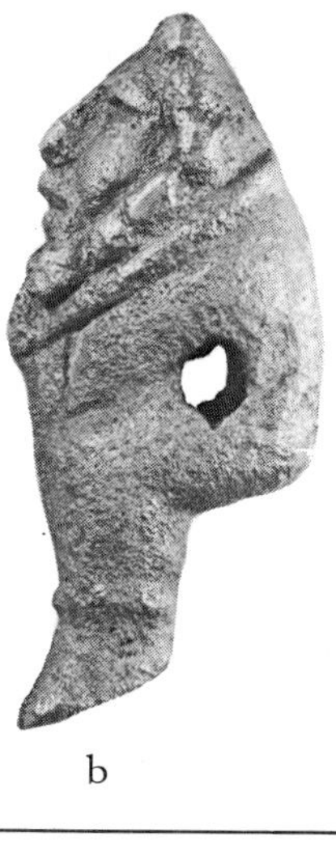

b

99. Bronzene Merkurstatuette aus der Zivilneustadt
100. Bronzene Venusstatuette vom Legatenpalast des Lagers
101. Plastik eines gefangenen Sueben aus Bronze
102a, b. Germanenfigürchen

103

104

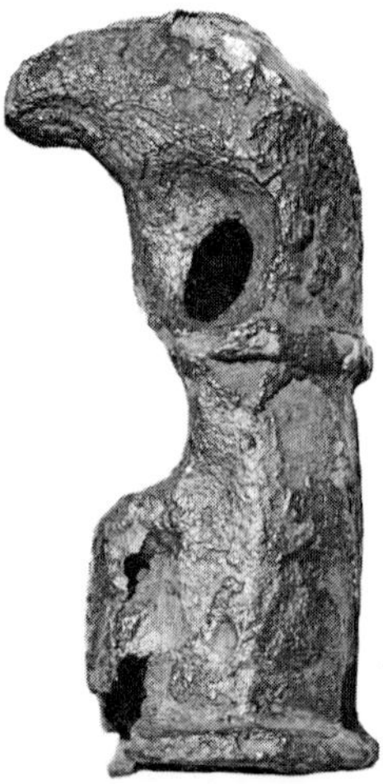

105

106

107

108

103. Bronzebeschlag mit keltischem Durchbruchsornament; 104. Deichselkopf aus Bronze in Form eines Löwenkopfes; 105. Bronzehohlguß eines Adlerkopfes; 106. Vorderteil eines springenden Pferdchens; 107. Hohlguß einer Negerin; 108. Bronzebeschläge mit Reliefs von einem Kästchen

109

110a

b

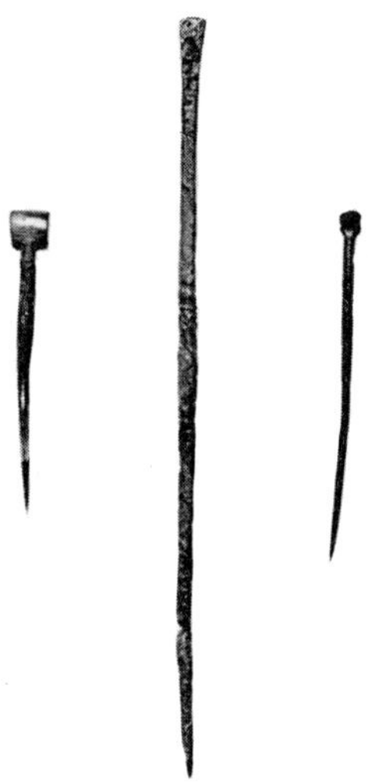

111

112a

b

109. Griffe aus Bein mit männlichen Büsten sowie einer Hand mit Armband; 110a, b. Eisenschere und Silberlöffel; 111. Stili (Schreibgriffel) aus Bronze; 112. Schlüssel: a Ringschlüssel und b Schieberschlüssel aus Bronze

einem Ornamentband unterhalb des Mundsaumes, Fragmente eines Gefäßes mit Gestell und der Henkel sowie die Henkelattache (Abb. 21a) eines Gefäßes. Die zuletzt erwähnten Fragmente und die Schale wurden in Wien-Schwechat (Schulplatz—Löwengasse, 1953) gefunden. Was das Gefäß mit dem Gestell betrifft, so ist der halbbogenförmige Henkel durch je zwei Pflanzenblätter links und rechts vom Aufhängering und durch je einen stilisierten Widderkopf an den umgebogenen Enden gekennzeichnet. Die zugehörige Henkelattache (Abb. 21b) wird von einem Mänadenkopf gebildet, von dem nach links und rechts je ein stilisierter, langgezogener Pferdekopf ausgeht[129].

Zu den Bronzeplastiken gehören der Vollguß einer Merkurstatuette (Rennweg 14, 16, 1908, Abb. 99)[130] aus dem Bereich der Zivilneustadt und eine Venusstatuette (Judenplatz 7, 1907, Abb. 100)[131] vom Legatenpalast des Lagers. Ferner sind die Plastik eines gefangenen Sueben (Bauernmarkt 21, 1911, Abb. 101) und ein Germanenfigürchen (Rudolfspital, 1910, Abb. 102a, b) zu erwähnen. An Beschlägen aus Bronze sind zu nennen: ein kreisrunder mit Zacken am Rand und keltischem Durchbruchsornament in Form von Rankenstengeln (Wipplingerstraße 14, 1901, Abb. 103)[132], ein Deichselkopf (Singerstraße 6—8, Liliengasse 2, 1911) in Löwenkopfform (Abb. 104), ein Adlerkopf (Klimschgasse nächst Rudolfsspital, 1909/10, Abb. 105) — beides Hohlgüsse —, der Vorderkörper eines springenden Pferdchens (zwischen Währinger Straße und Boltzmanngasse, 1910, Abb. 106)[133], die Büste einer Negerin (Dominikanerbastei 10, 1907, Abb. 107)[134] — Hohlgüsse, die 1945 abhanden kamen —, Bronzeblechbeschläge mit Reliefs von einem Kästchen (Tegetthoffstraße 2, 1825, Abb. 108)[135], die sich in der Antikensammlung des Kunsthistorischen Museums befinden, und ein 1945 ebenfalls in Verlust geratener Bronzeadler (Salvatorgasse 6, 1898)[136].

An Werkzeugen und Instrumenten (Abb. 109—112) gibt es Messer aus Bronze und Eisen, einen Steinklopfhammer (Jacquingasse 31, 1902) und eine Haue (Herrengasse 4—6, 1913), beide aus Eisen, ferner eine Eisenschere (Abb. 110a), Sonden aus Bronze, eine Bronzepinzette, Griffe aus Bein (Abb. 109), einen kegelförmigen Senkel aus Blei (Rennweg 14, 1908)[137], Nägel aus Bronze und Eisen, Packnadeln aus Messing und Bronze, Schreibgriffel (Abb. 111) und Türzieher aus Bronze, bronzene (Abb. 112b) und eiserne Schieberschlüssel, einen Ringschlüssel aus Bronze (Am Hof 14, 1913, Abb. 112a) und Bronzeglocken. Dazu kommen noch zwei Löffel. Der eine, bronzene (Stanislausgasse, 1908/09)[138], geriet 1945 in Verlust, der andere, silberne (Abb. 110b), stammt aus Fischamend (1943).

113. Dreiunzengewicht

114a, b. Medaillon des Kaisers Marc Aurel

115a, b. Medaillon des Kaisers Commodus

Unter den Gewichten[139] sind ein Centumpondium (Am Hof, 1913) aus schwarzgrünem Serpentin in Form einer Kugelzone, ein Fünfzigpfundgewicht in Kugelform, ein Zwanzigpfundgewicht in Form einer Kugelzone, ein kugeliges Fünfzehnpfundgewicht mit abgeplattetem Pol und ein ebenfalls kugelförmiges Zehnpfundgewicht mit einem ausgehöhlten Pol (alle aus Kalkstein) hervorzuheben. Andere Gewichte wurden aus Bronze gefertigt: ein Einunzengewicht (Wipplingerstraße 25, 1896) in Form einer flachen, vierseitigen Pyramide sowie ein Dreiunzengewicht in Form eines Quaders (Petersplatz 3, 1908, Abb. 113) mit einem flachen Pyramidenstumpf an jeder der größten Begrenzungsflächen. Schließlich sind noch zwei Teile einer Waage, und zwar ein Schälchenfragment (Wildpretmarkt 1, 1905/06)[140] und ein handgefertigtes viergliedriges Kettenbruchstück aus vier Millimeter dickem Bronzedraht, zu erwähnen.

Die Münzen und Medaillons des 1. Jhdts. v. Chr. bis zum Ende des 3. Jhdts. n. Chr. reichen von M. Antonius bis Carinus. Sie umfassen As- und Sesterzstücke wie Denare und Antoniniane, aber kein *aurei*. Der Sold wurde nie in Gold ausbezahlt, und *aurei* waren nicht nur damals, sondern auch später ein begehrtes Sammelobjekt. So verschwanden auch jene 258 *aurei*, die beim Bau des Wiener Neustädter Kanals 1799/1800 gefunden wurden, wenig später[141]. An Medaillons ist eines vom Kaiser Marc Aurel (Abb. 114a, b) aus der Zeit 176/177 und ein anderes von seinem Nachfolger Commodus (Oper, 1862, Abb. 115a, b), um 185/186[142], zu erwähnen. Beide befinden sich im Münzkabinett des Kunsthistorischen Museums.

Unter den Schmuckstücken finden sich Armbänder aus Silber und Bronze, in einem Fall sogar aus vergoldeter (Klimschgasse nächst Rudolfspital, 1909/10) mit verbreiterten Enden in Form stilisierter Tierköpfe[143], ferner Bronzenadeln, darunter eine mit Fliegenkopf (Bauernmarkt 9, 1900), und zwei Bullen aus Bronzeblech (Hohlweggasse 12—14, 1913). Die Antikensammlung des Kunsthistorischen Museums besitzt von der Fundstelle Oper (1862) einen silbernen Anhänger mit der Darstellung eines Löwen, der ein Reh überfällt, sowie drei konische (Abb. 116a, b, c) und einen halbmondförmigen Anhänger (Abb. 117) aus Gold[144]. In der Siedlung Wien-Inzersdorf wurde ein gefäßförmiger Anhänger aus Gold[145] gefunden; er kam ebenfalls in die Antikensammlung. In Verlust gerieten 1945 eine Schmuckkette (Kärntner Straße 17, 1875, Abb. 118), ein Ohrgehänge (Votivkirchenplatz, 1904, Abb. 119) und ein Anhängsel (Rennweg 14, 1903/04, Abb. 120)[146], alle aus Gold. Ein Paar goldene Ohrgehänge mit je einer grünen und weißen Glasperle (Schwechat, Hauptplatz 21a, 1950, Abb. 22a, b)[147] befinden sich derzeit in Privatbesitz. Ferner gibt es zahlreiche verschiedenförmige und -farbige Glasperlen, Ringe aus Bronze und Blei, aber wenige Ringsteine, dafür viele Fibeln. Unter letzteren[148] sind eine norisch-pannonische Flügelfibel aus Silber (Kleistgasse—Rennweg 44, 1906, Abb. 121), eine Zweiknotenfibel aus Bronze (Hütteldorf, Schuhbrecherinwald bei der Siedlung Jägerwald, 1950, Abb. 122), eine Fibel in Taubenform (Renngasse 14, 1909, Abb. 123a), eine in Form eines Pferdchens (Landstraßer Hauptstraße 19, 1909), eine Fibel mit rhomboidförmiger Kopfplatte, tierförmigem Fuß und Emaileinlage (Schottengasse, Tankstelle, 1950, Abb. 123b) und eine Ringfibel (Votivkirchenpark, 1948, Abb. 124a) besonders erwähnenswert.

Die Spätzeit von Vindobona ist wieder durch Keramik, Münzen, Bronzen, germanische Kleinfunde und durch ein frühchristliches Grabsteinfragment (Abb. 49) vertreten. Die Keramik des 3., 4. und 5. Jhdts. zeigt nicht nur die durch Doppelhenkel und grüne und

117

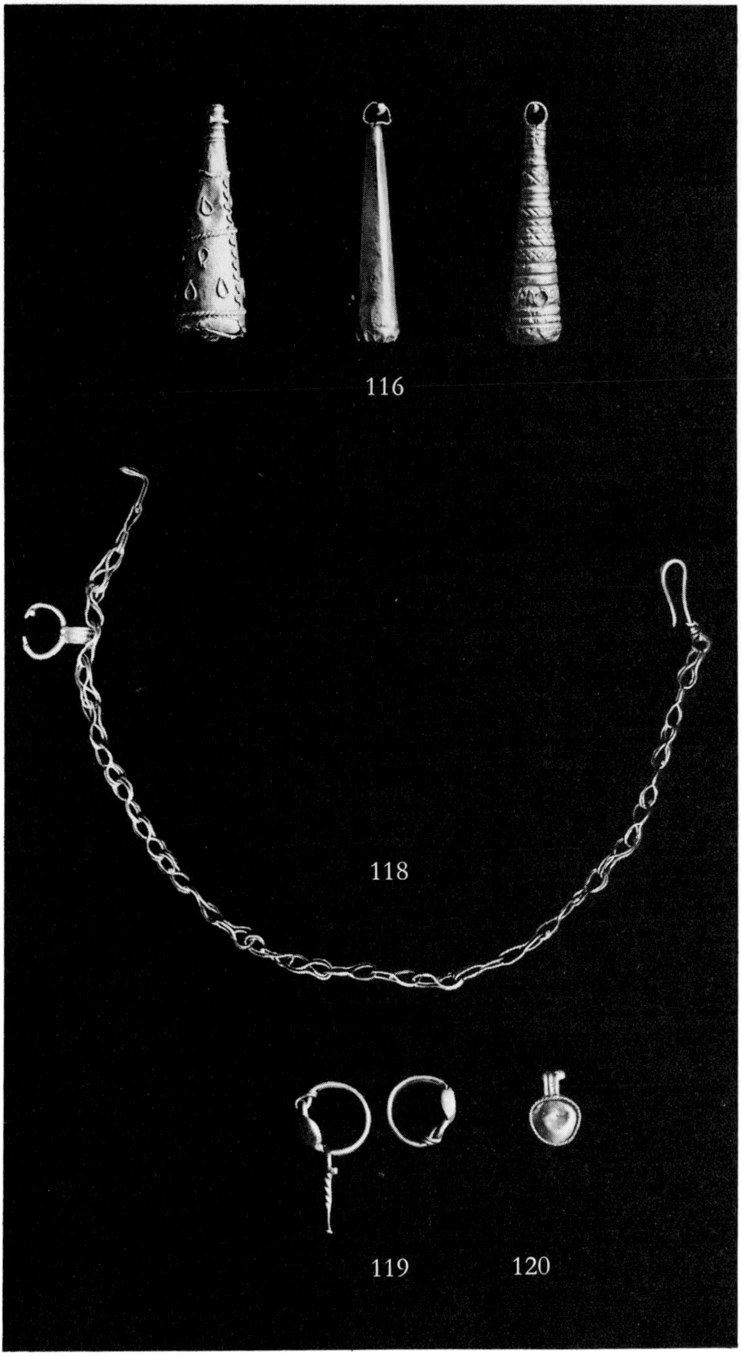

Goldschmuck
116. Anhänger
117. halbmondförmiger Anhänger
118. Goldkette
119. Ohrgehänge
120. Anhängsel

gelbe Glasur gekennzeichnete römische Provinzialware (Abb. 125—127), sondern auch germanische Gefäße, wie einen quadischen Fußbecher (Plankengasse 4—Spiegelgasse 17, Abb. 44) mit leicht ausladendem Rand, zylindrischem, eingeschwungenem Hals und mit senkrechten Kanneluren und Rippen verziertem Bauch, ferner einen bikonischen Pokal (Dorotheergasse 17, 1900, Abb. 43) mit ostgermanischem Profil und quadischer Furchenmusterverzierung und zwei gotisch-alanische Krüge[149]. Beide haben ein eiförmiges Profil und eingeglättete Gitterlinienverzierungen auf der Schulter. Der Henkel ist direkt aus dem Mundsaum herausgezogen und in einem Fall (Simmeringer Hauptstraße, Zentralfriedhof, 1930) mit einer Knubbe verziert. Der andere Krug wurde beim Bau der Schule Wienerfeld-Ost im Jahre 1952 gefunden.

Die Münzen reichen von Diokletian bis Arcadius und Honorius. Bemerkenswert sind darunter zwei *solidi*, Goldmünzen, der eine von Constantius II. (337—378), der andere von Valens (364—378); zwei weitere *solidi* (Rennweg 14, 1909) des Kaisers Gratian (367—383) kamen im Verlauf der letzten Kriegsereignisse abhanden. Von besonderer Bedeutung ist ein Münzschatz aus Kleinkupfermünzen (Rotgasse 15, 1911)[150]. Er umfaßt die Zeit vom Tod Konstantins (337) bis zum Anfang des 5. Jhdts. Von den bei der Auffindung vorhandenen 519 Münzen gibt es nur mehr 280. Gefunden wurden sie in der unberührten Brandschichte eines im Feuer niedergegangenen Zimmers, wo sie in einer Manteltasche lagen. Mit ihnen zugleich fand man ein verschlacktes Tonkrüglein, eine runde, rauchgeschwärzte Tonlampe, eine Zwiebelkopffibel, zwei Messer, einen Eisenschlüssel und einen halbverbrannten Haarkamm aus Bein. An anderen spätrömischen Kleinfunden existieren Armbrustfibeln (Abb. 124 b, c), eine ovale Schnalle mit Scharnierband und ein Sechsunzengewicht (Rotgasse 9—11, Bauernmarkt 19—21, 22—24, 1910/11) aus Bronze (Abb. 128), dessen zeitliche Einordnung nicht gesichert ist[151]. Auch germanische Kleinfunde sind vorhanden. Das heißt, es sind der Form nach römische Objekte, die von den Germanen gebraucht wurden, und zwar ein zweiseitiger beinerner Kamm, das Bruchstück einer rechteckförmigen Gürtelschließe aus Bronze, eine Zwiebelkopffibel aus Bronze und ein Doppelmeißel aus Eisen. Alle diese Objekte stammen aus der Sandgrube Schmidt in der Leopoldau, aus dem Bereich eines dort im Jahre 1933 aufgedeckten und ausgegrabenen germanischen Töpferofens[152].

Besondere Bedeutung kommt einem frühchristlichen Grabsteinfragment (Hoher Markt 2, 1954, Abb. 49) aus dem Ende des 4. Jhdts. zu, dem ersten, das bisher aus Vindobona bekannt wurde[153]. Vom Anfang der Inschrift fehlen vermutlich eine oder zwei Zeilen. Der

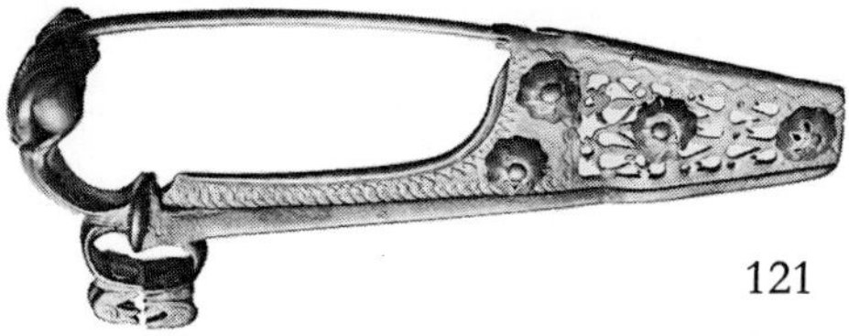

121

122

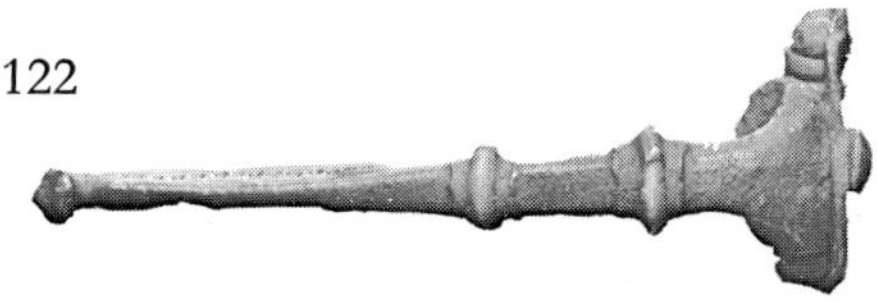

123a b

124a

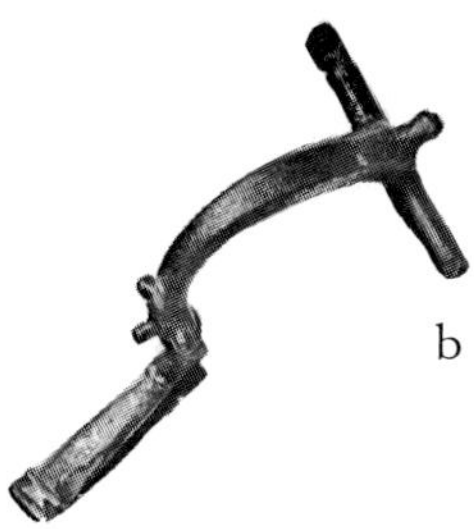

b

c

Fibeln. 121. Norisch-pannonische Flügelfibel aus Silber; 122. Zweiknotenfibel aus Bronze; 123a. Bronzefibel in Form einer Taube; b Emailfibel aus Bronze mit rhombenförmiger Kopfplatte; 124a. Ringfibel aus Bronze, b Armbrustfibel (T-Fibel) aus versilberter Bronze, c Armbrustfibel aus Bronze

125. Krug mit Doppelhenkel aus rotbraunem Ton mit braungrüner Glasur

126. Gesichtsurne aus hellbraunrotem Ton mit braungrüner Glasur

Text ist nur soweit klar, als daraus hervorgeht, daß der Stein einer Frau gesetzt wurde. Die Angabe der Todesstunde in der dritten Zeile und das Kreuzzeichen in der fünften weisen den Grabstein als frühchristlichen aus. In diesem Zusammenhang muß noch auf zwei beim Umbau des Seitenstettnerhofes (Seitenstettengasse 5, 1825) gefundene Kapitelle verwiesen werden, die sich in der Archäologischen Sammlung des Stiftes Seitenstetten befinden. Beide wurden von Polaschek[154] auf das Frühchristentum bezogen, doch konnte P. Ortmayr[155] eines von ihnen einwandfrei in das Ende des 2. Jhdts. datieren. Das andere betrachtete Öttinger[156] als das älteste mittelalterliche Kunstdenkmal der Stadt Wien. Nach W. Schleiermacher[157] scheint es jedoch ebenfalls dem 2. Jhdt. anzugehören.

Die weitverbreitete Auffassung, daß Stadtgebiete archäologisch

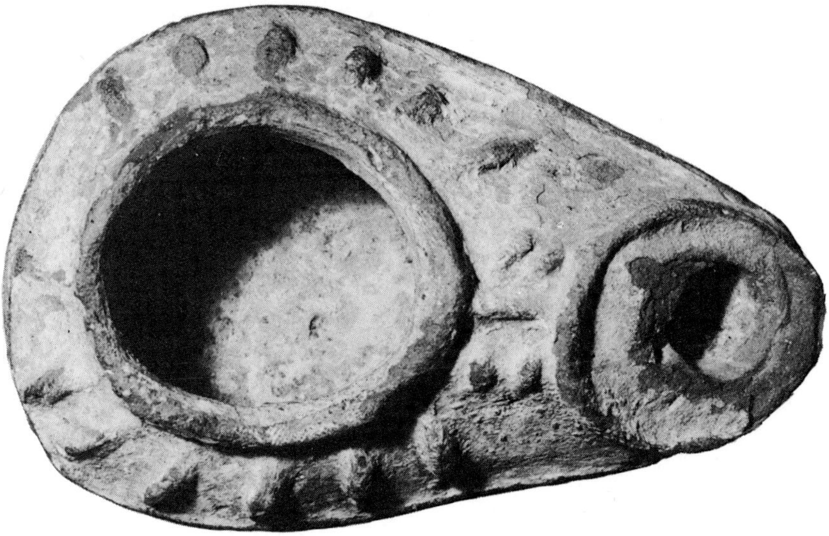

127. Lampe aus braunrotem Ton

128. Sechsunzengewicht

verlorener Boden sind, trifft, wie die Forschungsergebnisse beweisen, auf Wien nicht zu. Die Zielsetzung der Vindobonaforschung konnte zwar in Hinblick auf Zerstörungen der antiken Reste, die schon in früheren Jahrhunderten erfolgten, nur eine beschränkte sein, da es im Bereich des Legionslagers nur noch wenige Teile gibt, die seit der Römerzeit ungestört sind. Besser steht es um das Gebiet der Lagerterritoriums und das Zentrum der Zivilstadt, wo besonders der Bereich der Rennwegkaserne, der Botanische Garten und das Belvedere aufschlußreiche archäologische Ergebnisse erwarten lassen, noch besser um den Landbezirk, der über das Wiener Stadtgebiet weit hinausreicht. Hier könnte in Zukunft durch Plangrabungen, deren finanzielle Sicherung für die Stadt Wien kaum eine nennenswerte Belastung bilden würde, viel erreicht werden.

Anhang

Abkürzungen

ASTW	Amtsblatt der Stadt Wien
BJ	Bonner Jahrbücher
BRFW	Kenner, Bericht über römische Funde in Wien in den Jahren 1896 bis 1900. Wien 1900
CIL	Corpus Inscriptionum Latinarum
FÖ	Fundberichte aus Österreich
FP	Fundprotokoll des Römischen Museums der Stadt Wien
GBKW	R. K. Donin, Geschichte der Bildenden Kunst in Wien I. Wien 1944
GSTW	Geschichte der Stadt Wien, hrsg. vom Altertumsverein I. Wien 1897
HKFP	Il. Kovrig, Die Haupttypen der kaiserzeitlichen Fibeln in Pannonien. Budapest 1937, Dissertationes Pannonicae, Series II 4
IV	Inschriften aus Vindobona, Jahrbuch des Vereines für Geschichte der Stadt Wien
IN	Inventarnummer
JA	Jahrbuch für Altertumskunde
JKS	Jahrbuch der Kunsthistorischen Sammlungen des Allerhöchsten Kaiserhauses
JZK	Jahrbuch der K. K. Zentralkommission
KMW/AS	Kunsthistorisches Museum in Wien, Antikensammlung
KMW/ÄS	Kunsthistorisches Museum in Wien, Ägyptische Sammlung
KMW/MK	Kunsthistorisches Museum in Wien, Münzkabinett
KRGZM	Kataloge des Römisch-Germanischen Zentralmuseums Mainz
Krom.–Veith	J. Kromayer–G. Veith, Heerwesen und Kriegführung der Griechen und Römer. München 1928, Handbuch der Altertumswissenschaft IV 3, 2
MAG	Mitteilungen der Anthropologischen Gesellschaft in Wien
MZ	Mainzer Zeitschrift
MZK	Mitteilungen der K. K. Zentralkommission
PAR	Pro Austria Romana
RBG	K. Pink, Römisch-byzantinische Gewichte in österreichischen Sammlungen. Wien 1938, Sonderschriften des Österreichischen Archäologischen Institutes in Wien X
RE	A. Pauly–G. Wissowa–W. Kroll–K. Ziegler, Realencyklopädie der klassischen Altertumswissenschaft
RKO	A. Schörgendorfer, Die römerzeitliche Keramik der Ostalpenländer. Brünn–München–Wien 1942, Sonderschriften des Österreichischen Archäologischen Institutes XIII
RLÖ	Der römische Limes in Österreich
VHRFP	E. v. Patek, Verbreitung und Herkunft der römischen Fibeltypen in Pannonien. Budapest 1942, Dissertationes Pannonicae, Series II 19

Anmerkungen

Einleitung

1 In A. Neumann, Vindobona, RE IX A 1,53 ist die Angabe des Itinerarium Antonini durch ein Druckversehen als solche der Tabula Peutingeriana mit Vindomana anstatt Vindomona gebracht worden, während der Vermerk der Tabula unterblieb.

2 Siehe S. 59ff.

3 Neumann, Der Raum von Wien in ur- und frühgeschichtlicher Zeit. Wien 1961.

4 Neumann, Das römische Museum der Stadt Wien. Wien 1963, Österreich-Reihe 206.

5 Damit sollte zum Teil vor allem den Wünschen aller jener Rechnung getragen werden, die mit Recht das Fehlen eines Führers bzw. Kataloges der Schausammlung zur Ur- und Frühgeschichte Wiens bemängeln. Seit der Eröffnung des Archäologischen Museums der Stadt Wien (oder Museum Vindobonense) am 27. Mai 1903 hat es nicht an Versuchen gefehlt, einen Führer bzw. Katalog der Schausammlung zu veröffentlichen. Schon in der 10. Sitzung des Gemeinderatsausschusses zur Förderung der archäologischen Erforschung Wiens am 12. Dezember 1906 wurde die Herausgabe eines solchen beschlossen, den zu schreiben sich Wilhelm Kubitschek in der 22. Sitzung dieses Ausschusses am 8. November 1909 bereit erklärte. Aber weder sein Vindobonaführer kam zustande, noch erschien der von Erich Polaschek 1927 verfaßte. Das gleiche Schicksal teilte der von Richard Pittioni 1938 initiierte „Wegweiser". Die provisorische Unterbringung des Museums in dem gegenwärtig nicht mehr bestehenden und schon 1909 abbruchreifen Bau der ehemaligen Mädchenvolksschule Wien 4, Rainergasse 13, und die dauernden, anscheinend Erfolg versprechenden Bemühungen um den Neubau des Historischen Museums der Stadt Wien ließen die Herausgabe eines solchen Führers bzw. Kataloges vor diesem Bau nicht zweckmäßig erscheinen. Auch die Lösung, die 1959 durch den Neubau des Historischen Museums der Stadt Wien auf dem Karlsplatz zustande kam, kann nicht als definitiv betrachtet werden, weil eine dem Stand der Forschung entsprechende Aufstellung aus Raumgründen unmöglich war. Früher oder später wird ein eigenes Museum für die Ur- und Frühgeschichte Wiens erstehen müssen, wenn die gedeihliche Entwicklung dieser Sammlung gesichert werden soll. Sieht man davon ab, daß die Geschichte der Stadt Wien erst durch das Mittelalter eingeleitet wird und es im Rahmen eines Historischen Museums der Stadt Wien vollauf genügt, die großen Züge der ur- und frühgeschichtlichen Entwicklung im Wiener Raum aufzuzeigen, so war bereits im Jahre 1924

der § 1 der im Jahre 1914 erschienenen „Verwaltungsvorschrift für das Museum Vindobonense" völlig überholt. Er bezog sich auf nur 4 ebenerdige Räume und lautete: „Das Museum Vindobonense IV. Rainergasse 13 ist dazu bestimmt, die auf Wiener Boden gefundenen Altertümer besonders römischer Zeit zu Studien- und Ausstellungszwecken zu verwahren. Es steht in der Verwaltung der Direktion der städtischen Sammlungen. Es ist somit organisch mit dem der Direktion der städtischen Sammlungen unterstehenden, Historischen Museum der Stadt Wien verbunden. Den gleichen organisatorischen Bestimmungen unterworfen, wird es nach Vollendung des Neubaues des städtischen Museums in dieses räumlich einbezogen werden." Seither wuchs der Bestand dieses Museums derart an, daß gegenwärtig lediglich ein Zehntel der Schausammlung der Jahre 1939–1945 im Historischen Museum der Stadt Wien am Karlsplatz gezeigt werden kann. Die Herausgabe eines Führers oder Kataloges noch weiter hinauszuschieben, erwies sich als wenig sinnvoll, haben doch die Wiederaufbauarbeiten an dem in den Februartagen 1945 durch Bombenwürfe zerstörten Museum mehr als deutlich die nachteiligen Folgen des Fehlens zumindest eines Kataloges aufgezeigt. So wurde der Direktion des Historischen Museums der Stadt Wien bereits 1959 ein neues druckfertiges Manuskript vorgelegt, das der Verlag Brüder Hollinek gegen eine geringe Subvention zu drucken bereit war. Aber auch dieses Unternehmen scheiterte aus rein internen Gründen.

Geschichte

1 A. Mócsy, Pannonia, RE Suppl. IX 538f.

2 Abriß der Geschichte antiker Randkulturen. München 1961, 125 (Oldenbourgs Abriß der Weltgeschichte); Mócsy, a. a. O. 530ff.

3 Daß Burebistas Tod, dessen Datum überhaupt nicht feststeht (E. Swoboda, Octavian und Illyricum. Wien 1932, 90; Mócsy, a. a. O. 531), Cäsar veranlaßt hätte, den Dakerkrieg aufzugeben, wie besonders seit Swoboda, 91, angenommen wird, ist unwahrscheinlich, da die Beunruhigung der römischen Provinz Makedonien durch die Daker nicht erst seit der Regentschaft Burebistas, sondern weitaus früher einsetzte. Sein Tod und der Zerfall des Reiches bannten im Gegensatz auch zu Dessau, Geschichte der römischen Kaiserzeit. I. Berlin 1924, 404 in keiner Weise die dakische Gefahr, wie die kriegerischen Auseinandersetzungen von 29 v.–107 n. Chr. zeigen.

4 Daß der Illyrische Krieg zugleich und zunächst eine für den Entscheidungskampf Octavians mit M. Antonius notwendige Maßnahme war, hat Swoboda, 3ff., 17, 88ff. gezeigt.

5 Dessau, 414ff.; A. Betz, Aus Österreichs römischer Vergangenheit. Wien 1956, 6ff.; H. Vetters, Das Problem der Kontinuität von der Antike zum Mittelalter in Österreich, Gymnasium 76 (1969) 482ff.

6 H. Vetters, Kleine Geologie Niederösterreichs. Wien 1909, 15ff.

7 H. Hassinger, Boden und Lage Wiens. Wien 1946, 4ff.

8 Siehe S. 31f.

9 E. Swoboda, Carnuntum, seine Geschichte und seine Denkmäler. Graz-Köln 1964[4], 35.

10 Neumann, Vindobona, RE IX A 1, 59ff. XI Suppl.

11 Polaschek, Noricum, RE XVII, 980f.
12 Mócsy, a. a. O. 584.
13 Mócsy, a. a. O. 583.
14 J. Klose, Roms Klientelstaaten. Breslau 1934; J. Fitz, Pannonien und die Klientel-Staaten an der Donau, Alba Regia 4/5 (1963/64) 73ff.
15 Mócsy, a. a. O. 548ff.; H. Reinerth, Vorgeschichte der deutschen Stämme. Berlin 1940, II 561ff., 669ff.; F. Miltner, Germanische Köpfe der Antike. Potsdam 1938, 25ff., 30ff.; Fitz, a. a. O. 74ff.
16 Reinerth, 702f.
17 Neumann, Forschungen in Vindobona 1948 bis 1967, II. Teil: Zivilstadt und Landbezirk. Wien 1968, 69, Österreichische Akademie der Wissenschaften, RLÖ XXIV.
18 Daß neben Carnuntum auch Poetovio dafür in Betracht käme, wie Mócsy, 589, meint, ist schon der Entfernung wegen ziemlich unwahrscheinlich.
19 Neumann, IV 17/18 (1961/62) 27f. Nr. 69, Vindobona 59ff.
20 Mócsy, a. a. O. 613.
21 Mócsy, 550; Dessau, Geschichte der römischen Kaiserzeit II. 1. Berlin 1926, 300ff.
22 Mócsy, a. a. O. 550ff.
23 Mócsy, a. a. O. 552.
24 W. Wagner, Die Dislokation der römischen Auxiliarformationen in den Provinzen Noricum, Pannonien, Moesien und Dakien von Augustus bis Gallienus. Berlin 1938, 20ff.; Mócsy, a. a. O. 619.
25 Neumann, Forschungen, II. Teil, 6. Die Spitzgräben wurden 1903 und 1908 und nicht 1909/10 freigelegt. Die Auffassung, daß es sich um Teile der Stadtmauer von Vindobona handle, geht auf F. Kenner, Römische Funde in Wien 1908–1910, JA V (1911) 150f. zurück, dem sich L. Bauer, Aus der Römerzeit, in: Die Landstraße in alter und neuer Zeit. Wien 1921, 42f., anschloß.
26 Neumann, Vindobona, 61f.
27 Neumann, Skulpturen des Stadtgebietes von Vindobona. Wien 1967, 26f. Nr. 31, 32, Corpus der Skulpturen der römischen Welt. I. 1, Österreichische Akademie der Wissenschaften.
28 Neumann, Skulpturen, 25f. Nr. 30.
29 Mócsy, a. a. O. 613f., 633f.
30 Mócsy, a. a. O. 586ff.
31 Polaschek, Noricum, 980f.
32 L. Franz–A. Neumann, Lexikon ur- und frühgeschichtlicher Fundstätten Österreichs. Wien 1965, 204; R. Pittioni, Ein spätkeltischer Töpferofenfund von Wien III, Jahrbuch des Vereines für Landeskunde von Niederösterreich und Wien XXVIII (1939–1943) 1ff., 9; H. Kerchler, Das Brandgräberfeld der jüngeren Urnenfelderkultur auf dem Leopoldsberg, Wien, Archaeologia Austriaca 31 (1962) 49ff., 70f.
33 R. Much, Die Namen im Weichbilde Wiens und ihre Entstehung in Wien, sein Boden und seine Geschichte. Wien 1924, 253f., hrsg. von O. Abel; W. Brandenstein, Die Namen Vindobona und Wien, Wiener Geschichtsblätter 15 (1960).
34 Siehe S. 75.
35 Neumann, Forschungen in Vindobona 1948 bis 1967, I. Teil: Lager und Lagerterritorium. Wien 1967, 19f., 23f., 27ff., 38ff., 46ff., 50ff., 58ff., 62, Österreichische Akademie der Wissenschaften, RLÖ XXIII.
36 Mócsy, a. a. O. 614, 632.

37 Siehe S. 70.
38 Siehe S. 70.
39 Siehe S. 105. Der Katalog der römischen Ziegel der Ur- und Frühgeschichtlichen Abteilung des Historischen Museums der Stadt Wien steht vor dem Abschluß.
40 Neumann, Vindobona, 72; Mócsy, a. a. O. 640ff.
41 Siehe S. 66f., 69, 70, 72, 78.
42 Neumann, IV 17/18 (1961/62) 8f. Nr. 1, 2.
43 Neumann, a. a. O. 8f. Nr. 3, 4.
44 Neumann, a. a. O. 16f. Nr. 29.
45 Mócsy, a. a. O. 615f.
46 Siehe S. 87, 129.
47 Siehe S. 69f.
48 Es ist die längste, bekannte Abkürzung, denn die Meilensteine (Neumann, IV 17/18, 1961/62, 26f.), der Altar des G. Marcius Marcianus (Neumann, IV 17/18, 1961/62, 14 Nr. 22) und der in Singidunum (Belgrad) gefundene Grabstein der Ulpia Pia (CIL III 1663) kürzen lediglich mit Vind.
49 Swoboda, Carnuntum, 116.
50 Neumann, Skulpturen, 22, Nr. 22, 23. Doch kann von einem Denkmal, wie es H. Koepf, Das römische Monument beim Künstlerhaus, in der Festschrift 100 Jahre Künstlerhaus. Wien 1968, konstruierte, keine Rede sein. Zeigt schon die Einleitung, daß der Verfasser der Vindobonaforschung sachfremd gegenübersteht, so kommt dies in der Auffassung von der Möglichkeit der Existenz eines rund 10 Meter hohen Grabdenkmals, das als der bedeutendste Grabbau der Römerzeit in Österreich erklärt wird, noch mehr zum Ausdruck. Der alte archäologische Grundsatz, daß Objekte, die in unmittelbarer Nachbarschaft aufgefunden wurden, ursprünglich in Zusammenhang standen, kann in diesem Falle überhaupt nicht angewendet werden, weil es sich im Bereich des Künstlerhauses und seiner Umgebung nicht um ein Grabhaus, sondern um mindestens drei wenn nicht mehr und wenige Meter voneinander befindliche handelt (BRFW 74ff.). Anderseits ist zwischen den korinthischen Kapitellen und dem Perseus- und Attisrelief der stilistische Unterschied so groß, daß sich von vornherein eine Kombination verbietet. Mit technischen Argumenten allein ist nur dann etwas zu beweisen, wenn von den Teilen eines Objektes nicht nur die Zugehörigkeit zu demselben, sondern auch ihre Vollzähligkeit absolut sicher feststeht. Diese Überlegungen haben frühere Bearbeiter von jeglicher Kombination Abstand nehmen lassen.
51 Der Friedhof reichte bis zum Alten Naschmarkt, wie das dort 1915 gefundene Eckstück eines Quaders mit Flachreliefs (Neumann, Skulpturen, 23, Nr. 24) beweist, und vielleicht noch darüber hinaus. Siehe auch Karlsplatz-Stadtlandschaft am Wienfluß, Historisches Museum der Stadt Wien, 27. Sonderausstellung März–Juli 1970. Wien 1970, 7f.
52 Neumann, Skulpturen, 22 Nr. 21.
53 Neumann, a. a. O. 24 Nr. 26.
54 Neumann, IV 17/18 (1961/62) 24 Nr. 52.
55 Neumann, Skulpturen, 14f. Nr. 6, 7.
56 K. Kraft, Zur Rekrutierung der Alen und Kohorten an Rhein und Donau. Bern 1951, 43ff.
57 Neumann, IV 17/18 (1961/62) 25 Nr. 55.
58 Neumann, Skulpturen, 27 Nr. 33.
59 Neumann, a. a. O. 23 Nr. 25.

60 Neumann, a. a. O. 21 Nr. 19.
61 Neumann, IV 17/18 (1961/62) 14 Nr. 21.
62 Neumann, a. a. O. 11 Nr. 10. Nr. 11 wurde in nächster Nähe gefunden und war, soweit lesbar, Apollo, Sol und Sirona gesetzt.
63 Kenner, Römische Funde in Wien aus den Jahren 1901 bis 1903, JZK II (1904) 157ff.; Forschungen in Vindobona, JA III (1910) 74. Beide Bleigüsse kamen in den Wirren der unmittelbaren Nachkriegszeit abhanden.
64 Neumann, Forschungen, II. Teil, 66f. Die römerzeitliche Keramik aus Vindobona ist teilweise bei RKO berücksichtigt. Ein umfassender Katalog befindet sich in Vorbereitung.
65 Neumann, Der Raum von Wien in ur- und frühgeschichtlicher Zeit, 9ff.; Pittioni, Urgeschichte des österreichischen Raumes. Wien 1954, 122ff., 174ff., 248ff., 267ff., 275ff., 530ff., 643ff., 646ff., 776ff.; Mócsy, Pannonia-Forschung 1964–1968, Acta Archaeologica (Budapest) 21 (1969) 342ff.
66 Neumann, Vindobona, 75f.
67 Neumann, Ausgrabungen und Funde im Wiener Stadtgebiet 1950. Wien 1955, 25, Veröffentlichungen des Historischen Museums der Stadt Wien, Ur- und Frühgeschichtliche Abteilung, Heft 3. Schwechat gehörte zwar stets zu Carnuntum, doch lag es hart an der Grenze von Vindobona. Es ist daher gerechtfertigt, Funde aus diesem Gebiet heranzuziehen. Was die beiden Gefäße betrifft, so wurden außer den erwähnten Henkelattachen die Henkel selbst, Teile von Gestellen, eine Bronzeschale und ein Schälchen aus Silber mit Inschrift gefunden. Die Publikation des gesamten Fundkomplexes ist in Vorbereitung.
68 Siehe S. 70, 78, 136; Neumann, Vindobona, RE XI Suppl.
69 J. Nowalski de Lilia – A. Proksch – W. Kubitschek – A. Friedrich, Die römische Wasserleitung nach Wien, JA II (1908) Beiblatt 20[a]ff., 26[b]. Da nur eine kurze Strecke der Leitung feststeht und davon bloß Teile bekannt sind, muß jede darauf basierende Berechnung der Einwohnerzahl fraglich bleiben. Die Zahl von 15.000 erscheint im Hinblick auf die Ausgrabungsergebnisse zu gering. Anderseits dürfte die Existenz einer 2. Leitung aus dem Laab- und Liesingtale gegeben sein (G. Pascher, Römische Siedlungen und Straßen im Limesgebiet zwischen Enns und Leitha. Wien 1949, 66, 171; RLÖ XIX, Österreichische Akademie der Wissenschaften).
70 Mócsy, Pannonia, a. a. O. 552f.
71 Mócsy, a. a. O. 554f.
72 Neumann, IV 17/18 (1961/62) 26 Nr. 61; CIL III 4641, 4649.
73 Mócsy, a. a. O. 555ff. und Pannonia-Forschung, 345; I. G. Nagy, Bemerkungen zur Deutung der Stelle SHA Vita Marci 14, Acta Antiqua XVI (1968) 343ff.
74 Mócsy, Pannonia, 555, und Pannonia-Forschung, 345; Nagy, 348.
75 Kubitschek, Ein Fund römischer Goldmünzen in Wien, JA III (1909) 90ff.; Funde römischer Denare in Wien und Siebenbürgen, JA III (1909) 121ff.
76 Siehe S. 85f.; Neumann, Vindobona, 76, 78.
77 Mócsy, Pannonia, 558f.
78 Mócsy, a. a. O. 560f.
79 Herod. 3, 5. 4, 8. 5, 1. 5, 8, Tertull. Apol. 25, 5, M. Chron. min. I (1892) 147, Aurel. Vict. Caes. 16, 14, Epit. 16, 12. Nichts mit dem Tod Marc Aurels hat auch die von Lazius in St. Ulrich (Wien VII) eingemauert gesehene Inschrift CIL III 4564 zu tun. Den überlieferten Namen des Dedikanten Marcus Aurelius Maximus bezweifelte schon Th. Mommsen. Siehe Neumann, IV 17/18 (1961/62) 26 Nr. 28.

80 Mócsy, a. a. O. 561 und Pannonia-Forschung, 345.
81 Siehe S. 82, 107.
82 Mócsy, Pannonia, 559.
83 Neumann, Limitanei, RE Suppl. XI 876ff.
84 Krom.-Veith, 483f., 569.
85 Mócsy, a. a. O. 561.
86 Mócsy, a. a. O. 562ff.; Fitz, A military history of Pannonia from the Marcomann wars to the death of Alexander Severus (180–235), Acta Archaeologica (Budapest) XIV (1962) 38f.
87 Mócsy, a. a. O. 564.
88 Neumann, Forschungen, I. Teil 30.
89 Polaschek, Die Kunst der Römerzeit in Wien, in GBKW 102.
90 Neumann, Skulpturen, 20 Nr. 13–16.
91 Polaschek, a. a. O. 102.
92 Polaschek, a. a. O. 102.
93 Neumann, a. a. O. 19 Nr. 12.
94 Neumann, a. a. O. 19 Nr. 10.
95 Neumann, a. a. O. 15 Nr. 8.
96 Neumann, Forschungen, I. Teil 68f.
97 Neumann, IV 17/18 (1961/62) 15 Nr. 25.
98 Neumann, Skulpturen, 14 Nr. 5.
99 E. Schönbauer, Municipia und coloniae in der Prinzipatszeit. Wien 1954, 23ff., 46, Anzeiger der phil.-hist. Klasse der Österreichischen Akademie der Wissenschaften, Jhg. 1954 Nr. 2.
100 Neumann, IV 17/18 (1961/62) 14 Nr. 22.
101 Siehe S. 78.
102 Mócsy, a. a. O. 585.
103 Siehe S. 70f., 93ff.
104 Neumann, Forschungen, II. Teil 86ff.
105 Mócsy, a. a. O. 667ff.
106 Mócsy, a. a. O. 675ff.
107 E. Beninger, MAG LXXII (1932) 89f.
108 Pittioni, Neue Funde aus Wien, WPZ XXV (1938) 46.
109 Das ist im Lager z. B. an dem nahe dem Bauernmarkt befindlichen Staboffiziersquartier (Neumann, Forschungen, I. Teil 27ff.) und in der Zivilstadt an der großen Wohnhausanlage Rennweg 87–Oberzellergasse 14, 16, 18, 20 (Kenner, Römische Funde in Wien in den Jahren 1908–1910, JA V, 1911, 139ff., 141) zu ersehen.
110 Neumann, Forschungen, I. Teil 31.
111 Neumann, Skulpturen, 13 Nr. 2.
112 Neumann, a. a. O. 13 Nr. 1.
113 Neumann, a. a. O. 13 Nr. 1, 14 Nr. 4.
114 Siehe Anm. 98.
115 Polaschek, Die Kunst der Römerzeit in Wien. 103ff.
116 Siehe Anm. 50.
117 Mócsy, a. a. O. 716ff.
118 Kenner, Die archäologischen Funde aus römischer Zeit. GSTW I (1897) 117.
119 Mócsy, a. a. O. 734ff., 736ff.
120 Neumann, IV 17/18 (1961/62) 17 Nr. 30.
121 Neumann, Skulpturen, 19 Nr. 11.
122 Siehe Anm. Funde 32 und H. Hunger, Lexikon der griechischen und römischen Mythologie. Wien 1959^{5}, 323f.

123 Neumann, Limitanei, 877ff.
124 Mócsy, a. a. O. 563ff.
125 E. Stein, Geschichte des spätrömischen Reiches. I. Wien 1928, 102ff., 103.
126 Neumann, a. a. O. 887 (Literatur zur spätrömischen Heeresreform).
127 Not. dign. occ. XXXIV 28 und siehe S. 82, 107.
128 Das Werden Wiens. Wien 1951.
129 Neumann, Forschungen, I. Teil, 49f. Was Kenner, Die archäologischen Funde aus römischer Zeit. 140, im Anschluß an ältere Forschungen Th. Karajans als christliches Amulett einer Gotin Darwin bezeichnete, hatte bereits K. Wessely in den Wiener Studien VIII (1886) 175ff. als eine heidnische Zauberformel des 3. Jhdts. gegen Körperschmerzen erwiesen.
130 Neumann, IV 17/18 (1961/62) 13f. Nr. 19.
131 Mócsy, a. a. O. 576.
132 R. Egger, Aus dem Alltag des 4. Jahrhunderts n. Chr. Eine Militärziegelei valentinianischer Zeit, Anzeiger der Österreichischen Akademie der Wissenschaften, phil.-hist. Klasse, Jhg. 1954, 101ff.; Mócsy, 631f.; J. Szilagiyi, Inscriptiones tegularum Pannonicarum. Budapest 1933, Dissertationes Pannonicae I 1, ist ergänzungsbedürftig, da inzwischen nicht nur die Zahl der Ziegelfunde beträchtlich stieg, sondern 1933 auch nicht alles erfaßt wurde. So kommt, um nur ein Beispiel zu nennen, die für die Spätantike charakteristische Ziegelform von annähernd 31 × 15 × 7 cm bereits im 2. Jhdt. mit einem Stempel der 13. Legion vor.
133 Anm. XXX 5, 17; Mócsy, a. a. O. 577.
134 Mócsy, a. a. O. 578.
135 Mócsy, a. a. O. 579.
136 Öttinger, 18, Anm. 2.
137 Kenner, Forschungen in Vindobona, JA III (1909) 74a. Damit ist nichts über die Fortdauer der Besiedlung gesagt. Auf sie weisen besonders byzantinische Münzen aus der Wende vom 6. zum 7. Jhdt. aus dem Bereich des Lagers und der Zivilstadt (Kenner, Römische Funde in Wien 1908–1910, JA, 1911, 138af.) hin. Siehe auch H. Mitscha-Märheim, Spuren frühmittelalterlichen Handels an Altstraßen im Raume um Wien, MAG XCII (1962) 216ff.
138 Neumann, Forschungen, I. Teil 32.
139 Neumann, Forschungen, II. Teil 20ff.
140 Polaschek, Wiener Grabfunde aus der Zeit des untergehenden römischen Limes, WPZ XIX (1932) 239ff.
141 Mócsy, a. a. O. 582.
142 H. Mitscha-Märheim, Dunkler Jahrhunderte goldene Spuren. Wien 1963, 92ff.
143 Mitscha-Märheim, a. a. O. 35ff.
144 Franz-Neumann, 190ff.

Erforschung

1 Neumann, Forschungen, I. Teil 57f.
2 Neumann, IV 17/18 (1961/62) 9 Nr. 4, 20 Nr. 40.
3 Neumann, Die Ausgrabungen in der Jakobskirche von Wien-Heiligenstadt 1952/53. BJ 162 (1962) 505.

4 Neumann, Forschungen, II. Teil 22ff.
5 Öttinger, 3 Anm. 3.
6 Neumann, Die römischen Baureste Am Hof 9. Wien 1958, 14.
7 Neumann, Vindobona, 54f.; M. Kratochwill, Wolfgang Lazius. Wiener Geschichtsblätter 20 (1965) 449ff.
8 Neumann, a. a. O.
9 Neumann, a. a. O.; CIL III 4564; W. Lazius, Vienna Austriae. Basel 1546, 38.
10 Neumann, Forschungen, II. Teil 19.
11 Strabo IV 6, 10 C. 207, VI 5, 4 C. 341.
12 Neumann, Vindobona, 54f.; F. Czeike, Hermes Schallauczer, Jahrbuch des Vereines für Geschichte der Stadt Wien 15/16 (1959/60) 70ff.
13 Neumann, a. a. O. 55.
14 K. Weiss, Geschichte der Stadt Wien. I. Wien 1882[2], 20.
15 R. M. Prosl, Josef Nowalski de Lilia, ASTW 56 (1951) Nr. 10, 1f., Nr. 11, 1ff.
16 Neumann, Das römische Museum der Stadt Wien. 7ff.
17 Neumann, Die römischen Baureste Am Hof 9, 11ff.
18 Neumann, a. a. O. 14f.
19 Neumann, Vindobona, 69ff.
20 Neumann, Lampen und andere Beleuchtungsgeräte aus Vindobona. Wien 1967, 8; RLÖ XXII, Österreichische Akademie der Wissenschaften.
21 Neumann, Die römischen Baureste Am Hof 9. 13f.
22 Neumann, IV 17/18 (1961/62) 13 Nr. 18.
23 Neumann, Vindobona, 73.
24 G. Pascher, Römische Siedlungen und Straßen im Limesgebiet zwischen Enns und Leitha. Wien 1949, 192f., Österreichische Akademie der Wissenschaften; RLÖ XIX.
25 Neumann, IV 17/18 (1961/62) 26 Nr. 60.
26 Pascher, 191f.
27 Neumann, a. a. O. 26 Nr. 59.
28 Pascher, 192.
29 Vgl. Bauer, Aus der Römerzeit, in: Die Landstraße in alter und neuer Zeit. Wien 1921, 26 Anm. 1.
30 A. Wallner, Der Boden der inneren Stadt vor seiner Besiedlung, Deutsche Rundschau für Geographie 1913, 571ff. mit Karte 1 : 10.000; H. Hassinger 26.
31 Pascher, 166.
32 Neumann, Die römischen Baureste Am Hof 9.
33 Siehe Neumann, Forschungen, II. Teil 7.
34 Neumann, a. a. O. 6f.
35 Neumann, a. a. O. 7.
36 Neumann, a. a. O. 5.
37 Neumann, a. a. O. 8.
38 Neumann, a. a. O. 7.
39 Neumann, a. a. O. 6.
40 BRFW 75f.
41 Neumann, IV 17/18 (1961/62).
42 Pascher, 138.
43 Neumann, Forschungen, II. Teil 14f.
44 Neumann, a. a. O. 14f.
45 Neumann, a. a. O. 15.

46 Neumann, a. a. O. 15f.
47 Neumann, a. a. O. 17.
48 Neumann, a. a. O. 17.
49 Neumann, Das römische Museum der Stadt Wien. 8.
50 O. Menghin–V. Wanschura, Urgeschichte Wiens. Wien 1924.
51 S. 27ff.
52 J. Bayer, Neolithisches Feuersteinbergwerk mit Bestattungen nächst Mauer bei Wien, Forschungen und Fortschritte VI (1930).
53 Kenner, a. a. O. 43f.; K. Weiss, 23ff.
54 Prosl, ASTW 56 (1951) Nr. 11, 2.
55 Kenner, Römische Funde in Wien aus den Jahren 1901 bis 1903, 51.
56 Neumann, Zur Entstehung von Vindobona, Studien aus Wien. Wiener Schriften 5, 1ff.
57 Neumann, a. a. O. 2 Anm. 9.
58 Neumann, Vindobona, 61.
59 Die römische Vergangenheit Wiens, Mitteilungen des Vereines für Geschichte der Stadt Wien XV (1935) 11ff.
60 Neumann, Forschungen, I. Teil.
61 Siehe S. 76.
62 FÖ III 83.
63 FP 1914/2, 1915/1; Monatsblatt des Altertumsvereines in Wien XI (1915) 163/164; FP 1928/5, 1933/2, 1937/3, 5. Vgl. auch Neumann, Vindobona 69f.
64 FP 1933/2.
65 Neumann, Forschungen, II. Teil 8 Anm. 49, 52.
66 Neumann, a. a. O. 17.
67 Neumann, a. a. O. 17.
68 Neumann, Das Römische Museum der Stadt Wien. 10.
69 Franz-Neumann, 191ff.
70 Franz-Neumann, 205.
71 Pittioni, Ein spätkeltischer Töpferofenfund von Wien III. Siehe Anm. Geschichte 32.
72 Kerchler, Das Brandgräberfeld der jüngeren Urnenfelderkultur auf dem Leopoldsberg. Wien. Siehe Anm. Geschichte 32.
73 Wanschura, Gräber der älteren Urnenfelderzeit aus Wien XI, Mühlsangergasse. MAG LXXII (1942) 291f.
74 FÖ III 136.
75 FÖ IV 48.
76 FÖ IV 15, 40ff., 48f.
77 FÖ IV 48.
78 Neumann, Forschungen, I. Teil 9ff., 12ff.
79 Neumann, a. a. O. 19f., 21ff.
80 Neumann, a. a. O. 27ff.
81 Neumann, a. a. O. 26f.
82 Neumann, a. a. O. 56, 60f., 62.
83 Neumann, a. a. O. 49f.
84 Neumann, a. a. O. 50ff.
85 Neumann, a. a. O. 58ff., 62ff.
86 Neumann, a. a. O. 46ff.
87 Neumann, a. a. O. 66ff., 71.
88 Neumann, a. a. O. 66f.
89 Neumann, a. a. O. 71f.

90 Neumann, a. a. O. 72ff.
91 Neumann, a. a. O. 74f.
92 Neumann, Forschungen, II. Teil 8f.
93 Neumann, a. a. O. 18ff.
94 FÖ VI 97.
95 Neumann, a. a. O. 26f., 100, 103.
96 Neumann, Forschungen, I. Teil 32, 56, 57ff., II. Teil 20ff., 9ff., 28ff.
97 Neumann, Ausgrabungen und Funde im Wiener Stadtgebiet 1949/50, Veröffentlichungen des Historischen Museums der Stadt Wien, Ur- und Frühgeschichtliche Abteilung, 2 (1953) 11, 13, 14, 15f., 3 (1955) 8f.; Forschungen in Vindobona 1948 bis 1967, II. Teil: Zivilstadt und Landbezirk. Wien 1968, 63f., 70; FP 1957/4.
98 Jg. 53 (1948) Nr. 100; Jg. 55 (1950) Nr. 28, 92; Jg. 56 (1951) Nr. 82; Jg. 57 (1952) Nr. 10, 73, 89, 95; Jg. 58 (1953) Nr. 38; Jg. 59 (1954) Nr. 24, 89; Jg. 89; Jg. 60 (1955) Nr. 24; Jg. 62 (1957) Nr. 4; Jg. 63 (1958) Nr. 56, 75; Jg. 65 (1960) Nr. 24.
99 Neumann, Ausgrabungen und Funde im Wiener Stadtgebiet 1948/49. Wien 1951 (Heft 1), 1949/50. Wien 1953 (Heft 2), 1950. Wien 1955 (Heft 3).
100 Neumann, Forschungen, I. Teil 5 Anm. 5.
101 PAR 12 (1962) 3ff.; 13 (1963) 5f.; 14 (1964) 5f., 11, 38; 16 (1966) 5f., 23f.; 17 (1967) 25ff.
102 Neumann, Das Römische Museum der Stadt Wien. 11ff.

Sichtbare Reste

1 Neumann, Die römischen Ruinen unter dem Hohen Markt. Wien 1957[2]; Forschungen, I. Teil 27ff.
2 Neumann, Die römischen Baureste Am Hof 9. Wien 1958.
3 Neumann, Forschungen, I. Teil 11.
4 Kenner, Die archäologischen Funde aus römischer Zeit, 112.
5 Neumann, Die Ausgrabungen in der Jakobskirche von Wien-Heiligenstadt 1952/53, 480ff.; Forschungen, II. Teil 78ff., 83.
6 Neumann, Forschungen, II. Teil 22ff.

Funde

1 Neumann, IV 17/18 (1961/62) 20 Nr. 40. Der Stein wurde bei der Wiederinstandsetzung der Stephanskirche entdeckt.
2 Neumann, a. a. O. 9 Nr. 4.
3 Polaschek, Die römische Vergangenheit Wiens. 8.
4 Neumann, Die römischen Baureste Am Hof 9. 30f.
5 Neumann, Forschungen, II. Teil 18f.
6 Neumann, IV 17/18 (1961/62) 9 Nr. 5.
7 T. Bechert, Zu einigen Bauinschriften aus römischen Legionslagern, Epigraphische Studien 8 (1969) 47ff.; Neumann, Zu zwei monumentalen Inschriften aus Vindobona, Festschrift K. Majewski, Warschau 1972.
8 Neumann, Mariahilf. Wien 1962, 22ff.

9 Neumann, Skulpturen, 28 Nr. 35.
10 J. Garbsch, Die norisch-pannonische Frauentracht im 1. und 2. Jahrhundert. München 1965, 18f.
11 Neumann, a. a. O. 25 Nr. 29.
12 Das Manuskript des genauen Kataloges befindet sich im Historischen Museum der Stadt Wien als Katalog 2 der Ur- und Frühgeschichtlichen Abteilung unter dem Titel: Neumann, Die Schausammlung zur Ur- und Frühgeschichte von Wien. Wien 1961.
13 R. Paulsen, Münzprägungen der Boier. Leipzig–Wien 1933, 177ff.; K. Pink, Einführung in die keltische Münzkunde. Wien 1950, 37ff. Archaeologia Austriaca 6.
14 Paulsen, 14, 30, 140; Pink, a. a. O.
15 Franz-Neumann, 193; Pittioni, Ein spätkeltischer Töpferofenfund aus Wien III. 1ff.
16 Neumann, Die Schausammlung zur Ur- und Frühgeschichte von Wien.
17 Siehe S. 11, 74 f.
18 Neumann, Forschungen, II. Teil 30ff., 66ff.
19 Siehe S. 14, 74.
20 Neumann, Skulpturen, 25 Nr. 30.
21 Neumann, a. a. O. 26 Nr. 31, 32.
22 Siehe S. 25.
23 Neumann, IV 17/18 (1961/62) 8 Nr. 1.
24 Neumann, a. a. O. Nr. 3.
25 Kenner, Römische Funde aus Wien (1902) MZK II (1903) 32f.; Römische Funde in Wien aus den Jahren 1901–1903, 117ff.; Römische Funde in Wien aus den Jahren 1904 und 1905, JZK III (1905) 139ff.
26 BRFW 27; Kenner, Römische Funde in Wien aus den Jahren 1901–1903. 105ff.
27 Kenner, Römische Funde aus Wien (1902). 35, Fig. 3 und 37ff.
28 Siehe S. 76.
29 Kenner, a. a. O. 40.
30 FP 1937/18, IN 1937/291; Neumann, Forschungen, I. Teil 40.
31 Neumann, IV 17/18 (1961/62) 10 Nr. 8.
32 Neumann, a. a. O. 11f. Nr. 12. Noch ein zweiter Altar des gleichen Dedikanten wurde am gleichen Ort 1493 gefunden. (Neumann, a. a. O. 12 Nr. 13.)
33 Neumann, Skulpturen, 13f. Nr. 3.
34 Neumann, IV 17/18 (1961/62) 9 Nr. 5.
35 Neumann, IV 19/20 (1963/64) 7f.
36 Siehe Anm. Geschichte 94.
37 Siehe Anm. Geschichte 93.
38 Siehe Anm. Geschichte 89.
39 Siehe Anm. Geschichte 91.
40 Siehe Anm. Geschichte 95.
41 Siehe S. 28.
42 Siehe S. 50.
43 Siehe S. 46.
44 Neumann, Forschungen, I. Teil 32.
45 Kenner, Forschungen in Vindobona, 48a.
46 G. Spitzelberger, Die römischen Ziegelstempel im nördlichen Teil der Provinz Raetien. Saalburg Jahrbuch XXV (1968) 81ff.
47 Neumann, a. a. O. 23.

48 Kenner, a. a. O. 54^{a}, Fig. 19v. Daß es sich bei solchen Griffen um Helmtraggriffe und nicht um Kastengriffe handelt, zeigt ein im Museum Göppingen verwahrter Fund vom Jahre 1955. H. Klumbach, Bruchstücke eines römischen Helmes von Faurndau (Kr. Göppingen), Fundberichte aus Schwaben, N. F. 14 (1957) 108f.
49 Neumann, a. a. O. 38.
50 Neumann, Gladius, Der Kleine Pauly II 804f.
51 Neumann, Lorica, Der Kleine Pauly III 737f.
52 Neumann, Forschungen, I. Teil 54.
53 Kenner, a. a. O. 44^{a}, Fig. 8B, a–h.
54 Kenner, a. a. O. 54^{a}, Fig. 19d.
55 Kenner, a. a. O. 54^{a}, Fig. 19c.
56 Kenner, Römische Funde in Wien 1908–1910, JA V (1911) 131^{b}, Fig. 27, 28.
57 Kenner, Forschungen in Vindobona. 55^{a}, Fig. 20a.
58 Neumann, Forschungen, I. Teil 74.
59 Neumann, a. a. O. 38.
60 Kenner, a. a. O. 56^{a}, Fig. 22d.
61 Kenner, a. a. O. 56^{a}, Fig. 22a.
62 Siehe Anm. Geschichte 58.
63 Kenner, Die archäologischen Funde aus römischer Zeit. 117.
64 Neumann, Skulpturen, 15 Nr. 9.
65 Neumann, IV 17/18 (1961/62) 22 Nr. 45.
66 Kenner, BRFW 24.
67 Kenner, Römische Funde aus Wien (1902). 43f.
68 Neumann, a. a. O. 22 Nr. 46.
69 Kenner, Römische Funde in Wien 1908–1910, 229^{a}ff.
70 IN 1937/308.
71 Neumann, a. a. O. 12f. Nr. 16.
72 Siehe S. 47, 66.
73 Neumann, a. a. O. 10f. Nr. 9.
74 Neumann, a. a. O. 12 Nr. 14.
75 Neumann, a. a. O. 12 Nr. 15.
76 Neumann, a. a. O. 13 Nr. 17.
77 Siehe S. 28.
78 Neumann, a. a. O. 14 Nr. 20.
79 Neumann, a. a. O. 13 Nr. 18.
80 Kenner, Neue Römische Funde in Wien. MZK V (1879) 3ff.
81 Neumann, IV 19/20 (1963/64) 8 Nr. 12a.
82 Neumann, IV 17/18 (1961/62) 14 Nr. 23.
83 Siehe Anm. Geschichte 98.
84 Siehe Anm. Geschichte 55.
85 Neumann, Vindobona, 75f.
86 Kenner, Forschungen in Vindobona. 78^{a}, 76^{a}ff. Die Aufnahme beider Objekte in das Corpus der Skulpturen der römischen Welt I/1 ist unterblieben, weil das Kinderfußfragment nicht restauriert ist, während der Sandsteinzylinder aus technischen Gründen eine genaue Aufnahme nicht zuließ.
87 Siehe Anm. Geschichte 121.
88 Neumann, IV (1961/62) 16 Nr. 26.
89 Polaschek, Die Kunst der Römerzeit in Wien. 113 mit Anm. 86.
90 Neumann, a. a. O. 24 Nr. 52.
91 Neumann, a. a. O. 24 Nr. 50. Auch dieses Objekt wurde in das Corpus

der Skulpturen der römischen Welt wegen der geringen figürlichen Reste nicht aufgenommen.

92 Neumann, a. a. O. 24 Nr. 51.

93 Siehe Anm. Geschichte 50 und 51.

94 Neumann, Skulpturen, 22 Nr. 21; 23 Nr. 24.

95 Siehe Anm. Geschichte 53.

96 Siehe Anm. Geschichte 59.

97 Neumann, a. a. O. 21 Nr. 19.

98 Neumann, Forschungen, II. Teil 26f.

99 Nowalski-Proksch-Kubitschek-Friedrich, Die römische Wasserleitung nach Wien. 20ff.

100 Siehe S. 52, Anm. Erforschung 44.

101 Siehe Anm. Erforschung 43.

102 Kenner, Die archäologischen Funde aus römischer Zeit. 136, dazu 67 Nr. 38; Mócsy, a. a. O. 615f.

103 Neumann, Skulpturen, 29 Nr. 37.

104 Neumann, a. a. O. 29 Nr. 38.

105 Neumann, a. a. O. 28 Nr. 30.

106 Neumann, a. a. O. 21 Nr. 20.

107 Neumann, a. a. O. 24 Nr. 27.

108 Neumann, a. a. O. 25 Nr. 28.

109 Polaschek, Aus Niederösterreichischen Museen. Jahreshefte d. Österr. Archäologischen Institutes XXIX (1935), Beiblatt 207ff.

110 CIL III Suppl. 11304, 14098, 15116, 15196, und K. Giannoni, Geschichte der Stadt Mödling. Mödling 1905, 8ff., dazu Taf. III 1—4. Auch der Reusostein konnte in das Corpus der Skulpturen der römischen Welt I/1 nicht aufgenommen werden, da er zur Zeit der Vorbereitung dieses Heftes unzugänglich war.

111 Polaschek, Aus Niederösterreichischen Museen. Jahreshefte d. Österreichischen Archäologischen Institutes XXVI (1930), Beiblatt 219.

112 Siehe Vorsatzblatt.

113 Neumann, IV 17/18 (1961/62) 26f. Nr. 60—66.

114 Neumann, a. a. O. 27 Nr. 66, 67.

115 RKO, 13 Nr. 126 und Abb. 128.

116 RKO, 66 Nr. 561—563, 67 Nr. 565 und Abb. 34. Außerdem gibt es noch zahlreiche Fragmente.

117 RKO, 67ff. Nr. 570, 572—576.

118 RKO, 68 Nr. 579.

119 Kenner, Die archäologischen Funde aus römischer Zeit. 140, Fig. 91.

120 RKO, 67 Nr. 566, 567.

121 Siehe darüber RKO, in dem auch der größte Teil der grau- und brauntonigen Keramik aus dem Stadtgebiet von Vindobona aufgenommen wurde.

122 Neumann, Forschungen, I. Teil 45.

123 Kenner, Römische Funde in Wien 1908—1910, 132. Neumann, Der Raum von Wien in ur- und frühgeschichtlicher Zeit, Abb. 34.

124 Neumann, a. a. O. Abb. 33.

125 IN 1937/418.

126 Kenner, a. a. O. 144, Fig. 39.

127 Neumann, Lampen und andere Beleuchtungsgeräte aus Vindobona. 7ff., 23ff.

128 A. Radnoti, Die römischen Bronzegefäße von Pannonien, Dissertationes Pannonicae, Series II. Nr. 6. Budapest 1938, 118, Taf. XXXV 6, 135,

Taf. XXXI 3, 140. Hinzuweisen ist auch auf zwei im Jahre 1945 in Verlust geratene Attachen, die eine mit einem Silenskopf, die andere mit einem bacchischen Genius (Rennweg 14, 1909). Siehe dazu Radnoti, 120, 122, Taf. XXXI 4, 6.

129 Siehe S. 35 und Anm. Geschichte 67.

130 Kenner, a. a. O. 136f.

131 Kenner, Forschungen in Vindobona. 50.

132 A. Riegl, Römische durchbrochene Bronzebeschläge. MZK I (1902) 310f.

133 Kenner, Römische Funde in Wien. 1908–1910, 120^{b}.

134 Kenner, Forschungen in Vindobona. 63^{b}.

135 Kenner, Die archäologischen Funde aus römischer Zeit. 114f.

136 Kenner, Römische Funde in Wien. 1908–1910, 117^{a}f.

137 Kenner, a. a. O. 137^{b}, Fig. 36.

138 Kenner, Römische Funde in Wien 1908–1910. 153^{b}, 154^{a}, Fig. 49.

139 RBG, 84 (11), 85 (12a), 23, 83 (3b), 85 (14c), 85 (15a), 87 (27c), 86 (23).

140 Kenner, Forschungen in Vindobona. Fig. 8b.

141 Siehe Anm. Geschichte 75.

142 Kenner, Die archäologischen Funde aus römischer Zeit. 117f., 119, Fig. 77.

143 Kenner, Römische Funde in Wien. 1908–1910, 125^{b}.

144 Kenner, Die archäologischen Funde in Wien aus römischer Zeit. 117f.

145 Neumann, Die römische Siedlung in Wien-Inzersdorf am Wienerberge. Wissenschaftliche Arbeiten aus dem Burgenland 35 (1966) 118.

146 Kenner, Römische Funde in Wien aus den Jahren 1901 bis 1903. 52ff.; Römische Funde in Wien aus den Jahren 1904 und 1905. 190ff., 193, 203f.

147 Neumann, Ausgrabungen und Funde im Wiener Stadtgebiet 1950.

148 Kenner, Römische Funde in Wien 1908–1910, 118^{a}, 132^{b}; Forschungen in Vindobona, 42^{a}, Fig. 8^{a}, 79^{a}; Neumann, Forschungen, I. Teil, 67, 70; II. Teil, 43.

149 Siehe Anm. Geschichte 107, 108, 139, 140.

150 Siehe Anm. Geschichte 136.

151 RBG, 30ff. A. Oxé, Attisches Ölmaß und Ölgewicht in Bonn und Köln, BJ 142 (1937) 145ff.

152 Franz-Neumann, 205.

153 Siehe S. 86 und Anm. Geschichte 129.

154 Die römische Vergangenheit Wiens. 11.

155 Zwei römische Kapitelle aus Wien, Jahreshefte d. Österreichischen Archäologischen Institutes XXXI (1939) 79ff.

156 A. a. O. 44f.

157 Zwei provinzielle Steinmetzarbeiten, Germania 36 (1960) 377ff.

Abbildungsverzeichnis

23 a, b, c. Terra sigillata. a Fußbecher, H: 20,2 cm, Plankeng. 4—Spiegelg. 17, 1913, ostgallisch; IN 2286; b Kugelbecher, H: 15 cm, Plankeng. 4—Spiegelg. 17, 1913; IN 2287a; c doppelhenkeliger Krug, H: 17,4 cm, Stubenring, Kriegsministerium, 1910, Rheinzabern; IN 1587

24. Terra nigra. Fußvase, H: 12,3 cm; IN 92

25, 26. Beispiele römischer Gebrauchskeramik. Vasen in Form einer norischen Frau aus rötlichgelbem Ton mit rotbraunem Firnis. 25: H: 31,5 cm, Singerstr. 6—Lilieng. 2, 1911; IN 1704; RKO 566; 26: H: 30,4 cm, Schauflerg. 2, 1897; IN 540, RKO 567 (b), BRFW 46. — Beide Gefäße kamen 1945 abhanden

27—36. Gebrauchskeramik. Hütteldorf, Schuhbrecherinwald, bei der Siedlung Jägerwald, 1950: 27. Schale mit Deckel aus Grab 6; 28. Dreifußschale aus Grab 14; Neumann, Forschungen II, 43, 44, 53f.; 29. Reibschale mit Reiber aus Stein und der Inschrift LEG XIIII LATINVS FE FECIT, Wildpretmarkt 2, 4—Bauernmarkt 7, 1904; RKO 90, 1945 abhanden gekommen; 30. Urne aus rotbraunem Ton mit Rillen-Wellenlinien- und Strichelverzierung in Ockergelb, H: 41 cm, Obere Bahngasse 4—8, 1932, Töpferofen, Grube V; wie RKO, 359; 31. doppelhenkeliger Krug aus hellbraunem Ton, Schauflerg. 3, 1897; RKO 527; 32. doppelhenkelige Amphora aus ockergelbem Ton, H: 52 cm, Obere Bahng. 4—8, 1932, Töpferofen, Grube V; 33. einhenkeliges Krüglein aus braunem Ton mit schnabelförmigem Ausguß, H: 14,5 cm, Am Hof 14, 1913; IN 2069; 34. Gesichtsurne aus braungrauem Ton, H: 23,5 cm; 35. Faltenbecher aus grauem Ton, H: 20,3 cm; 36. Räucherschale aus hellbraunrotem Ton; RKO 155

37. Wasserleitung, Mauer, 1915

38. Hoher Markt 3, 4, 1948/49, 1959, 1961, Grundriß der römischen Baureste

39a, b. Teile eines Waffenfrieses, Kramerg. 4—6, 1895

40. Relief des Stierbildes der 10. Legion, Kramerg. 4—6, 1895

41a, b, c. Altar mit den Reliefs von Neptun und einem opfernden Offizier, gesetzt Jupiter, Neptun, Salacea, den Nymphen, dem Genius Acaunus und allen Göttern und Göttinnen zum Wohle des Kaisers anläßlich der Wienflußregulierung 233, Rechte Wienböschung unterhalb der Marxerbrücke, 1899

42. Torso einer Jupiter- oder Divusstatue aus Marmor, nahe der Landstraßer Hauptstraße am früheren Kanalhafen von St. Marx, 1849

43. Bikonischer Pokal aus dunkelbraunem Ton mit quadischem Furchenmuster und ostgermanischem Profil, 1900, Dorotheerg. 17

44. Quadischer Becher aus dunkelgrauem Ton mit Kanneluren und Rippen, Plankeng. 4—Spiegelg. 17, 1913; WPZ XXV (1938) 46

45. Geniusstatuette, Wildpretmarkt 6—Bauernmarkt 9, 1900

46. Torso einer weiblichen Statuette mit Kind am linken Arm, Wollzeile 30, 1938

47. Mithrasaltar, gesetzt zum Wohle des Kaisers von Ulpius Secundus, Soldat der 10. Legion, Sieveringer Str. 132, 1896

48. Mithrasrelief, vermutlich aus einer Hauskapelle der Neustadt, Botanischer Garten, 1950

49. Frühchristliches Grabsteinfragment, Hoher Markt 2, 1954

50a, b. Ziegelstempel des Maxentius (a) und des Ursicinus (b), Bauernmarkt 17, 1911; IN 3612

51. Hoher Markt 3, 1959, 1961, Raum I mit der Mauer 31 und, davon im Winkel zur modernen Abschlußwand abgehend, die Mauer 30

52. Fundament mit sockelartigem Vorsprung vom Südwestturm der *porta principalis sinistra*, Wipplingerstr. 21, 1903; JZK II (1904) 5f.
53. Lagermauer und Lagergraben bei der *porta decumana*, Naglerg., 1901
54. Lagermauer mit Anbauten und einem Torturm der *porta decumana*, Grundriß mit den Profilen A–D, Naglerg., 1901–1903
55. Zwischenturm der Lagermauer mit Eingangsschwelle, Naglerg. 21–Am Hof 4; 1913
56. Töpferofen, Rennweg 96, 1907; JA III (1909) 12
57. Tiefer Graben–Heidenschuß–Am Hof–Irisg., 1948, Grundriß der Kanalgrabung
58. Tiefer Graben–Heidenschuß–Am Hof–Irisg., 1948, Profil der Kanalgrabung
59a, b. Am Hof 9, 1953, Grundriß des zerbombten Hauses mit den römischen und späteren Bauresten (a), Schnitt S'_3, S'_4 (b)
60. Salvatorg.–Stoß im Himmel, 1951, Grundriß der Kanalausschachtung
61. Salvatorg.–Stoß im Himmel, 1951, Profil der Kanalausschachtung
62. Hoher Markt 8, 9, 1956/57, Lagerbad, Sitzbank mit Wandheizung und zugehöriger Mauer
63. Votivkirchenpark, 1948, Skelett aus dem 1948 freigelegten Grab
64. Unterlaa, St. Johannkirche mit den Grabungen 1963, 1965 und 1967
65. Unterlaa, St. Johannkirche, 1965, 1967, Nordwestwand, rechts bzw. links vom Eingang, Außenseite mit dem Grabtafelfragment des Devomarus
66. Unterlaa, St. Johannkirche, 1965, 1967, Nordwestwand, rechts bzw. links vom Eingang, Innenseite
67. Unterlaa, St. Johannkirche, Grabung 1965 mit den Mauern M_5–M_{10}
68. Hütteldorf, Schuhbrecherinwald, bei der Siedlung Jägerwald, 1950, Grundriß der römerzeitlichen Gräber 1–17 und A–F, des vorrömerzeitlichen Grabes H und der Gräber 18 und 19
69. Hütteldorf, Schuhbrecherinwald, bei der Siedlung Jägerwald, 1950, Grundriß und Profil des Grabes 2
70. Hütteldorf, Schuhbrecherinwald, bei der Siedlung Jägerwald, 1950, Grundriß und Profil des Grabes 14
71. Hütteldorf, Schuhbrecherinwald, bei der Siedlung Jägerwald, 1950, Grab 2
72. Heiligenstadt, Jakobskirche, 1952/53, Grundriß der Kirche mit dem römischen Pfeilerbau
73. Heiligenstadt, Jakobskirche, 1952/53, Grundriß der Kirche mit den mittelalterlichen und neuzeitlichen Bauresten
74. Heiligenstadt, Jakobskirche, 1952/53, röm. Kinder- und Erwachsenengrab
75. Inzersdorf, Kläranlage, 1951/53, Grundriß der römischen Baureste in der Nordostecke der Anlage
76. Inzersdorf, Kläranlage, 1951/53, römische Baureste, Mauer 24, 25, 25a bis 25c und 27
77. Inzersdorf, Kläranlage, 1951/53, röm. Baureste, Mauer 14, 14a, 15–17 und 19
78. Hoher Markt 3, 1959, 1961, Schauraum mit Kammer J und den Mauern 1 und 3
79. Lagerhauptkanal, Am Hof 9, 1953, Kanalstrecke C_1 bei der Mauer d, Schauraum
80. Lagerhauptkanal, Am Hof 9, 1953, Kanalstrecke C_1 bei der Mauer d, Reste der Mauer C_o rechts, links das Auflager der hier abgetragenen Mauer C_p, oben im Hintergrund über der Kanalsohle ein Steinplattenfragment
81. Unterlaa, St. Johannkirche, Grabung 1967, Profil an der Innenseite der Nordost- und Südwestwand, F_1 und F_2 und der teilweise erhaltene Bodenbelag aus großen Bruchsteinen

82. Grabstein des Segillus und seiner Gemahlin; Muthmannsdorf (NÖ), 1881, Schloß Hernstein
83. Lanzenspitze, L: 30 cm, Habsburgg. 9, 1901; IN 670
84. Schausammlung der Ur- und Frühgeschichtlichen Abteilung des Historischen Museums der Stadt Wien, Karlsplatz
85. Jupiterrelief aus dem Lagerheiligtum, Rotg. 4—Rotenturmstr. 19, 1896
86. Stirnziegel mit Adler, H: 22,5 cm; IN 368
87—89. Beispiele von Kleinfunden aus dem Lager und dem Lagerterritorium, Teile der Ausrüstung. 87. Helmtraggriff aus Bronze in Delphinhenkelform, Am Hof 14, 1913; IN 2100; 88a. Schnalle mit Scharnierband aus vergoldeter Bronze, L: 6,7 cm, Piariserg., 1907; IN 1221; b Schnalle aus Bronze in D-Form, H: 5 ,3cm, Am Hof 14, 1913; IN 2099; 89. Messer aus Eisen, L: 23,5 cm, Bognerg. 1, 1901; IN 702
90. Malereiprobe: 2 durch je 2 Doppelmaschen befestigte Girlanden in roter und hellgrüner Farbe auf weißem Grund, umrahmt von blauem und rotem Parallelstreifen, Rennweg 14, 1903/04; JZK II (1904) 160, Rekonstruktion
91. Grabstein des Atpomarus, Maria Lanzendorf (NÖ), 1840; Museum Carnuntinum
92 a—g. Beleuchtungskörper. a Bronzelampe mit kurzhalsiger Rundschnauze von trapezförmigem Abschluß; b Leuchter mit Dorn, Keilg., 1910; c Bronzelampe mit maskenförmigem Oberteil; d Bronzelampe mit halbmondförmigem Griff, Am Hof 4, 1913; e Leuchter mit Dorn; f Leuchterdreifuß aus Blei, Bauernmarkt 7—Wildpretmarkt 2—4, 1904; g Bronzelampe in Form einer sich putzenden Ente, Fleischmarkt 18—22, 1902
93. Leuchter aus Ton, Rudolfsspital, 1909/10
94. Talg- oder Tiegellampe aus Ton, Wipplingerstr. 25, 1896. — Zu allen Beleuchtungskörpern vgl. Neumann, Lampen und andere Beleuchtungsgeräte aus Vindobona, Nr. 230, 248—251, 273, 274
95. Fläschchen aus blaugrünem und Krug aus grünem Glas mit kugelförmigem Körper, Hütteldorf, Schuhbrecherinwald, bei der Siedlung Jägerwald, 1950; Beigaben 3 aus Grab 9 und 7 aus Grab 16; Neumann, Forschungen II, 47, 56
96. Schale mit Radialrippen aus farblosem Glas, H: 4,8 cm, Rennweg 92—102, 1907; IN 1339. — 1945 abhanden gekommen
97. Flasche aus gelbem Glas mit trichterförmigem Hals und kugelförmigem Körper und farblosen Spiralfäden am Hals und Kreisfaden auf der Schulter, H: 18,3 cm; IN 304. — 1945 abhanden gekommen
98. Glasfläschchen mit langgezogenem Hals aus grünem Glas, Hütteldorf, Schuhbrecherinwald, bei der Siedlung Jägerwald, 1950, Beigaben aus Grab C und D; Neumann, Forschungen II, 59f.
99. Merkurstatuette aus Bronze, H: 8,5 cm, Rennweg 12a, 14, 16, 1908; JA V (1911) 136
100. Venusstatuette aus Bronze, Judenplatz, 1907; JA III (1909) 50a
101. Plastik eines gefangenen Sueben, H: 11 cm, Bauernmarkt 21, 1911; IN 633, KRGZM 1, Nr. 137
102 a, b. Germanenfigürchen, H: 4 cm, Rudolfsspital, 1910
103. Bronzebeschlag mit keltischem Durchbruchsornament, Dm: 8,4 cm, Wipplingerstr. 14, 1901; IN 668, MZK I (1902) 310f.
104. Deichselkopf aus Bronze (Löwenkopf), Singerstr. 6—8, Lilieng. 2, 1911
105. Bronzehohlguß eines Adlerkopfes, Klimschg., 1909/10
106. Vorderteil eines springenden Pferdchens, H: 6,4 cm, zwischen Währinger Str.

und Boltzmanng., 1910; IN 1667, JA V (1911) 120 – 1945 abhanden gekommen

107. Hohlguß einer Negerin, H: 9,3 cm, Dominikanerbastei 10, 1907; IN 1250, JA III (1909) 63, MZ VII (1912) 85, Fundberichte aus Schwaben III (1926) 92ff. – 1945 abhanden gekommen

108. Bronzebeschläge mit Reliefs von einem Kästchen, Tegetthoffstr. 2, 1824; KMW/AS, GSTW I 114/115

109. Beingriffe, von links nach rechts: mit männlicher Büste, Rotg. 9–11, Bauernmarkt 19–21; IN 1738; mit männlicher Büste und Rundhaube, Renng. 1, 1906/07; IN 589; an einem Ende als Hand mit Armband geformt, Renng. 1, 1906/07; IN 1178

110a, b. Eisenschere, L: 18 cm, 1937 (a); Silberlöffel, L: 14,5 cm, Fischamend (NÖ), 1943 (b)

111. Stili aus Bronze, von links nach rechts: L: 7 cm, Am Hof 14, 1913; IN 2101; L: 18,1 cm, Singerstr. 10; L: 8 cm, Salvatorg., 1951

112. Links: Ringschlüssel aus Bronze, L: 3,8 cm, Am Hof 14, 1913; IN 2104; rechts: Schieberschlüssel, L: 8,5 cm, Rotg. 9–11, 9–21, 22–24, 1910/11; IN 1725

113. Dreiunzengewicht von 80,7 g, Petersplatz 3, 1908; JA V (1911) 110, RGBS 26, 86 (23)

114a, b. Medaillon des Kaisers Marc Aurel, 1905; KWM/MK, 176/177

115a, b. Medaillon des Kaisers Commodus, Staatsoper, 1862; GSTW 117, KMW/MK 185/186

116–120. Goldschmuck. 116. Anhänger, Oper, 1862; GSTW I 117f., KMW/AS; 117. Halbmondförmiger Anhänger, Oper, 1862; GSTW I 117f., KMW/AS; 118. Goldkette, L: 23 cm, Kärntnerstr. 17, 1875; IN 801, JZK II (1904) 52f. – 1945 abhanden gekommen; 119. Ohrgehänge, Länge des Stiftes: 16 mm, Votivkirchenpark, 1902; IN 717; 120. Anhängsel, Dm: 10 mm, Rennweg 14, 1903/04; IN 891. – Zu 119 und 120 siehe JZK III (1905), 190, 203 – 1945 abhanden gekommen

121–124. Fibeln. 121. Norisch-pannonische Flügelfibel aus Silber, Kleistg.-Rennweg 44, 1906; JA III (1909) 79ª, HKFP 11; 122. Zweiknotenfibel aus Bronze, Hütteldorf, Schuhbrecherinwald, bei der Siedlung Jägerwald, 1950, Grab 3; Neumann, Forschungen II., 43; 123a. Bronzefibel in Form einer Taube, Renng. 14, 1909; VHRFP 127; b Emailfibel aus Bronze mit rhombenförmiger Kopfplatte, Schotteng., 1950; Neumann, Forschungen I, 70; 124a. Ringfibel aus Bronze, Votivkirchenpark, 1948; Neumann, Forschungen I, 67; b Armbrustfibel (T-Fibel) aus versilberter Bronze, Salvatorg., Grube 5; Neumann, Forschungen I, 54; c Armbrustfibel aus Bronze; HKFP 25ff.

125. Krug mit Doppelhenkel aus rotbraunem Ton mit braungrüner Glasur, H: 31,5 cm, Wien-Schwechat, Hauptplatz 6, 1952

126. Gesichtsurne aus hellbraunrotem Ton mit braungrüner Glasur, H: 11 cm, Ebergassing (NÖ), 1953

127. Lampe aus braunrotem Ton mit weißem Firnis oder weiß bemalt, Länge des Originals: 7,5 cm, Boltzmanng.-Versorgungshaus, 1925; Neumann, Lampen und andere Beleuchtungsgegenstände aus Vindobona, 23, Nr. 239

128. Sechsunzengewicht von 162,7 g, Rotg. 9–11, Bauernmarkt 19–21, 22–24, 1910/11; BJ 116 (1907) 163, 142 (1937) 145ff., RBGS 30ff.

Umschlagbild: Stirnziegel mit Soldatengesicht, auf der über die Stirn geschobenen Helmlasche die Inschrift L·X·G·, H: 20,5 cm, Kurrentg. 3, 1907; IN 1077/2

Straßen- und Ortsverzeichnis (mit Angabe des Wiener Gemeindebezirkes)

Die *kursiv* gesetzten Seitenverweise beziehen sich auf die Abbildungen

Personen- und Sachverzeichnis

Die *kursiv* gesetzten Seitenverweise beziehen sich auf die Abbildungen

KOMMANDO
PRAETORIVM
KASERNEN
Judenplatz
KASERNEN
LEGATENPALAST
Am
Hof
KASERNEN
VALLVM
Tiefer Graben
Heidenschuß
WALL VALLVM
VIA DECVMANA
Tuchlauben
KASERNEN
St. Peter
WALL VALLVM
WALL VALLVM
Stephansplatz
PORTA
DECVMANA
LAGERGRABEN
Graben
Signaturen:
Mauer
Mauer spät- oder nachrömischer Zeit
Hauptkanal
Nebenkanal
Säulenfuss
Brunnen
Warmluftheizung
Gemörtelte Bodenpackung
Achsenkreuz
Pfahlwerk